王溢然 束炳如 主编
中学生物理思维方法丛书

7 对称

王溢然　王明秋　编著

中国科学技术大学出版社

图书在版编目(CIP)数据

对称/王溢然,王明秋编著. —合肥:中国科学技术大学出版社,2016.1(2024.6重印)
(中学生物理思维方法丛书)
ISBN 978-7-312-03872-3

Ⅰ.对… Ⅱ.①王…②王… Ⅲ.中学物理课—教学参考资料 Ⅳ.G634.73

中国版本图书馆 CIP 数据核字(2015)第 292676 号

出版 中国科学技术大学出版社
安徽省合肥市金寨路 96 号,230026
http://press.ustc.edu.cn
https://zgkxjsdxcbs.tmall.com
印刷 安徽省瑞隆印务有限公司
发行 中国科学技术大学出版社
开本 880 mm×1230 mm 1/32
印张 8.875
字数 224 千
版次 2016 年 1 月第 1 版
印次 2024 年 6 月第 6 次印刷
印数 18001—22000 册
定价 25.00 元

物理学中一切先验性的陈述都起源于对称性.

——外尔(德国数学家、物理学家)

序 1

  在中学物理学习过程中,学生在获取知识的同时,还要重视从科学宝库中汲取思维营养,加强科学思维方法的训练.

  思维方法的范畴很大,包括抽象思维、形象思维、直觉思维等.以抽象思维而言,又有众多的方法,在逻辑学中都有较严格的定义.对于以广大中学生为主的读者群,就思维科学意义上按照严格定义的方式去介绍这众多的思维方法,显然是没有必要的.由王溢然、束炳如同志主编的这套丛书,不追求思维科学意义上的完整,仅选取了在物理科学中最有影响、中学物理教学中最常见的思维方法(包括研究方法)为对象,在较为宽泛的意义上去展开,立意新颖,构思巧妙.全套丛书各册彼此独立,都以某一类或两三类思维方法为主线,在物理学史的恢宏长卷中,撷取若干生动典型的事例,先把读者引入饶有兴趣的科学氛围中,向读者展示这种思维方法对人类在认识客观规律上的作用.然后,围绕这种思维方法,就其在中学物理教学中的功能和表现,以及其在具体问题中的应用做了较为深入、全面的开掘,使读者能从物理学史和中学物理教学现实两方面较宽广的视野中,逐步领悟到众多思维方法的真谛.

  这套丛书既不同于那些浩繁的物理学史典籍,也有别于那些艰深的科学研究方法论的专著,它融合了历史和方法,兼顾了一般与提高,联系了教学与实际,突出了对中学物理教学的指导作用,文笔生

动、图文并茂,称得上是一套融史料性、科学性、实用性、趣味性于一体的优秀课外读物.无论对广大中学生(包括中等文化程度的读者)还是对中学物理教师以及高等师范院校物理专业的学生,都不无裨益.

科学研究是一项艰巨的创造性劳动.任何科学发现和科学理论的诞生都是在一定的背景下,科学家精心的实验观测、复杂的思维活动的产物.在攀登道路上充满着坎坷和危机,并不是一帆风顺、一蹴而就的.科学家常常需及时地(有时甚至是痛苦地)调整自己的思维航向,才能顺利抵达成功的彼岸.因此,任何一项科学新发现、一种科学新理论的诞生,绝不会仅是某种单一思维活动的结果.这也就决定了丛书各册在史料的选用上必然存在某些重复和交叉.虽然这是一个不足之处,却也可以使读者的思维层次"多元化".不过,作为整套丛书来说,如果在史料的选用上搭配得更精细一些、在思维活动的开掘上更深刻一些,将会使全书更臻完美.

我把这套丛书介绍给读者,首先希望引起广大中学生的兴趣,能从前辈科学家思维活动中汲取智慧,活化自己的思维,开发潜在的智能;其次希望中学物理教师在此基础上继续开展对学生思维方法训练的研究,致力于提高学生的素质,以适应新时期的需要;最后我也真诚地希望这套丛书能成为图书百花园中一朵惹人喜爱的花朵.

阎金铎

序　　2

"中学生物理思维方法"是一个很诱人的课题. 如果从我比较自觉地关注这个课题算起,要追溯到20世纪80年代. 开始时,朴素的动因就是激发学生兴趣,丰富上课内容;后来,通过对许多科学研究方法论著作、思维学著作等的学习和教学实践,认识上逐步从传授知识层面提高到了对学生的学习能力乃至思维品质进行培养的高度. 于是,在90年代中期,经过比较充分的积累,策划编写了这套思维方法丛书.

《中学生物理思维方法丛书》问世后,受到了广泛的关注,被列入国家新闻出版总署"八五"规划重点图书,还被推介到台湾出版了繁体字版(中国台湾新竹"凡异出版社"). 因此,作者受到了很大的鼓舞.

光阴荏苒,如今已进入21世纪. 科学技术飞速发展,教学理念不断更新,教学的要求也随着时代前进的脚步有了很大的变化. 当前,国际教育界大力提倡"科学的历史、哲学和科学"教育,希望借此更好地提高学生的科学素质. 我国从新世纪开始试行的《高中物理课程标准》也明确提出同样的要求. 中外教育家一致的认识——结合物理教学内容,回顾前辈科学家创造足迹,无疑是了解科学本质、培养科学精神的一个重要途径.

本丛书的新一版继续坚持"科学史料、思维方法、中学教学"三结合的内容特色,并补充了反映科学技术方面的新成果、新思想,尤其

在结合中学物理教学方面有了很大的进展——删去或淡化了与当前中学物理教学联系不够紧密的某些枝叶,突出了主干知识;撤换了相对陈旧的某些问题,彰显了时代风貌;调整了某些内容,强化了服务对象.值得说明的是,在新一版中还选入了相当数量的近年高考题,这些问题集中反射了各地专家、学者的智慧,格外显得光彩熠熠、耐人寻味.因此,新一版内容更为丰满多彩,也更为贴近中学教学和学生实际,更好地体现了科学性、方法性、应用性、趣味性.希望能够继续被广大读者喜欢,也希望能够更好地使读者受到启发,有所得益,有所进步!

今后,随着时代的发展和中学物理教学要求的不断更新,新思想、新成果和教学中的新问题势必会层出不穷,但前辈科学家崇高的科研精神、深邃的思想和创造性思维方法的光辉,必将永远照耀着人们前进的道路!

在新一版问世之际,首先要衷心感谢我的良师益友、苏州大学物理系束炳如教授.从萌发编写丛书的想法开始,束先生就给予作者极大的鼓励、支持.编写过程中,作者与先生进行了难以计次的深夜长谈,他开阔的思路、活跃的创见和对具体问题深刻的分析指导,都给了作者极为有益的启发和帮助,让作者从中得到了强大的精神力量,也给作者留下了永不磨灭的记忆.借此机会,同时衷心感谢两位德高望重的原顾问周培源先生[*]和于光远先生[**]以往对本丛书的关爱;衷心感谢为本丛书作序的阎金铎教授[***]对作者的鼓励;衷心感谢吴保让先生、倪汉彬先生、贾广善先生、刘国钧先生等曾为丛书审读初稿

---

[*] 周培源(1902~1993),著名物理学家,中国科学院院士,曾任中国物理学会理事长、中国科学技术协会主席、北京大学校长等.

[**] 于光远(1915~2013),著名经济学家,中国社会科学院哲学社会科学学部委员,曾任国家计划委员会经济研究所所长、中国社会科学院副院长等.

[***] 阎金铎,著名物理教育家,北京师范大学物理系教授、教科所所长,曾任中国教育学会物理教学研究会理事长等.

并提出了宝贵的修改意见;衷心感谢曾为丛书绘制精美插图的朱然先生;衷心感谢被引用为参考资料的原作者们;衷心感谢曾经对丛书大力支持的大象出版社;衷心感谢广大读者朋友对本丛书的厚爱.

本丛书相当于一个"系统工程",编辑、出版需要花费大量的人力、物力. 新一版的问世,跟中国科学技术大学出版社的鼎力支持是分不开的. 在此,也代表所有作者对中国科学技术大学出版社和有关编辑室表示衷心的感谢.

不知哪位作家说过这样的话:写作的最大乐趣首先是在写作的过程中,作者与读者心灵交流;其次是作品出版后,能够被读者认可. 虽然这套丛书不是文学创作的作品,我们也只是站立三尺讲台的中学老师,但是在编写过程中,内心时时有着一种极为强烈的冲动,有一个声音呼唤着:把我们在长期教学实践中所积累和思考的有关中学物理教与学的点滴认识、心得与中学物理教学界同行,尤其是广大的中学生朋友们进行交流、分享与探讨. 实际上,书中有许多地方都包含着从以往学生的思维火花中演绎的方法.

本丛书的新一版,尽管我们思考了比较长的时间,编写中也都作了努力,但仍然难免会有疏漏乃至错误的地方,请读者发现后予以指正.

王溢然

2014 年 2 月于苏州庆秀斋

前　言

对称是一个很深刻的问题，其应用范围早已远远超出早期对空间图形认识的狭窄领域，已深入到哲学、美学以及自然科学的许多方面. 它在现代物理学的粒子物理、固体物理、原子物理等许多领域都具有非常重要的意义. 详细描述对称性的专业知识要求比较高，这不是本书的任务.

在本书中，我们希望通过直观的现象，运用尽量浅显的事例和语言，形成关于对称的初步认识，并在基础物理范围内建立关于对称的一般概念，然后通过对实际问题的分析，使广大读者领会对称思想，能运用对称思想去指导物理学习，研究和解决中学物理中的一些问题.

作　者

2015 年 4 月

目　录

序 1 ………………………………………………………………（ⅰ）

序 2 ………………………………………………………………（ⅲ）

前言 ………………………………………………………………（ⅶ）

1　什么叫对称 …………………………………………………（001）
  1.1　关于对称的初步认识 …………………………………（001）
  1.2　关于对称的进一步说明 ………………………………（007）
  1.3　对称性原理 ……………………………………………（016）
  1.4　对称与物理规律 ………………………………………（024）
  1.5　对称的破缺 ……………………………………………（033）

2　对称思想在科学认识中的作用 ……………………………（037）
  2.1　由电产生磁　由磁产生电 ……………………………（037）
  2.2　磁场变化产生电场　电场变化产生磁场 ……………（043）
  2.3　实物粒子与物质波 ……………………………………（051）
  2.4　电子与正电子 …………………………………………（057）
  2.5　电荷与磁单极子 ………………………………………（065）
  2.6　"τ-θ"之谜 ……………………………………………（071）

ⅸ

3 中学物理中几种典型的对称 ………………………… (081)
   3.1 镜像对称 ………………………………………… (081)
   3.2 中心对称 ………………………………………… (088)
   3.3 结构对称 ………………………………………… (102)
   3.4 电路对称 ………………………………………… (111)
   3.5 图像对称 ………………………………………… (119)

4 对称思想对学习和运用物理知识的指导作用 ………… (128)
   4.1 启发直觉 ………………………………………… (128)
   4.2 感受美丽 ………………………………………… (133)
   4.3 指导实验 ………………………………………… (142)
   4.4 辅助解题 ………………………………………… (149)

5 对称思想在中学物理解题中的应用 ………………… (153)
   5.1 平衡的对称性 …………………………………… (153)
   5.2 时间反演 ………………………………………… (164)
   5.3 镜像对称 ………………………………………… (173)
   5.4 电场的对称性 …………………………………… (184)
   5.5 电路的对称性 …………………………………… (207)
   5.6 磁场的对称性 …………………………………… (216)
   5.7 振动的对称性 …………………………………… (239)
   5.8 光路的对称性 …………………………………… (249)

参考文献 ………………………………………………… (267)

后记 ……………………………………………………… (269)

1 什么叫对称

1.1 关于对称的初步认识

(1) 对称无所不在

有人说,对称是上帝的恩施.我们把它改得更客观些,可以说对称是自然选择的结果,或者更文艺一点,把它称为自然的笔迹.

对称普遍存在于日常生活中,人们对于对称的认识首先源于生活.我们放眼环顾,可以发现许多植物的叶和花、许多动物的外表都具有对称性(图1.1).也许由于养分的均匀分布和适宜于生存竞争的需要,如果飞禽的翅膀不一样长,就会失去平衡;陆上动物的腿不一样长,就跑不快或难以猎取食物.英国诗人威廉·布莱尔曾这样发问:"是哪位神灵替老虎挑选了让人望而生畏的斑纹?"

图1.1　枫叶、蝴蝶、老虎面部的外形都具有轴对称性

我国古建筑中的宫殿、寺庙、墓道等,大都是对称布局.例如:

北京故宫建筑群的排列和天坛的结构等(图1.2),体现着一种庄严、稳重的美感.

南京明孝陵的神道两旁对称地排列着石人、石兽,体现了古代君王对权势的迷恋,死了还要显摆着一副威武模样(图1.3).

图1.2　北京天坛

图1.3　南京明孝陵神道两旁对称排列的石人、石兽

园林中许多花墙和窗格、城市中人行道砌块的图案等,也都渗透着对称性,显得非常整洁、美观(图1.4).许多艺术品更是刻意追求着对称美,如古代的衣冠、服饰的图案常对称分布,有的寓意富贵吉祥,有的显得素淡雅致(图1.5).

1 什么叫对称

 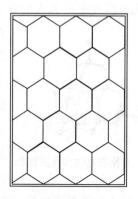

图 1.4　园林中的窗格(左)和人行道的砌块(右)

图 1.5　古代衣冠服饰

有趣的是，许多动物建筑师在构筑巢穴时也非常"欣赏"对称性，其中最著名的就是蜂房结构，如图 1.6 所示.

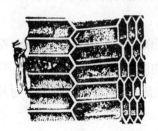 

图 1.6　蜂房结构

在无机世界中最惊人的对称性例子是晶体.组成晶体的物质微粒(分子、原子、离子)在各自的平衡位置附近振动,好像被弹性的弦系在这个位置上,从而形成一个固定的有规则的结构,即空间点阵结构.图1.7所示就是金刚石晶体的点阵结构.由于晶体内部物质微粒的有规则排列,因此其外形常显示出美丽的对称性.图1.8所示的雪花就是六边形对称性最有名的样品.

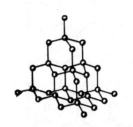

图1.7 金刚石晶体的点阵结构

图1.8 美丽的雪花

(2) 对称的两种含义

人们从生活中(包括从自身的形体结构的认识中)最初形成的关于对称的概念,可以概括为两种含义:

一种是轴对称关系,指的是几何图形关于中心点(线、面)左右两边形成对应的分布.这是人们从植物的花、叶,动物的外形等各种天然事物的观察中,最容易形成的直观认识,也是生活中关于对称的基本含义.

《现代汉语词典》中关于对称的解释为:"对称是指图形或物体对

某个点、直线或平面而言,在大小、形状和排列上具有一一对应关系."并举例说明,如人体、船、飞机的左右两边,在外观上都是对称的. 显然,这些具体事例指的都是轴对称.

另一种含义是指匀称,意味着有良好的比例、良好的平衡,体现着整体各部分的协调性. 从这一层意思上说,生活中关于对称的认识和美紧密相关. 这种含义对于对称已有着比较广义的认识了.

在《韦伯斯特辞典》中,对称的意思是"平衡的比例"或者"产生于平衡的比例的形式美". 因此,对称会给人们带来谐和、舒畅的感觉.

据说,人们的感官生来就比较喜欢对称,连婴儿对于对称都会有一种特殊的感觉. 美国奥斯汀大学的心理学家朱蒂特·朗罗伊斯曾经给一些3~6个月的婴儿放映过一部系列片,片中的主角一个脸型对称,另一个则不对称. 所有观看影片的婴儿无一例外地花更长时间盯住那张"漂亮"的对称脸蛋.

剑桥大学的动物学家罗福斯·约翰斯通,通过计算机模拟进化过程,并跟踪研究原始视觉器官最初的发展. 研究结果表明,即使是人工的"原始眼睛"也更愿意接受对称的形式. 约翰斯通总结说:"对称简化了被认识的过程."可能这就是包括婴儿都容易对"对称"的事物有一种特殊感觉的原因.

由于对称的图形、结构往往会显得匀称、协调、端庄,反映着一种和谐美,所以被广泛应用于艺术和生活、技术的各个领域.

例如,绘画艺术中对人体和动物的各部分都有着比较严格的比例要求. 同样一个人的站姿(或坐姿),男女身体的各部分都有着不同的比例要求(图1.9). 汉字的书法也有着严谨的间架结

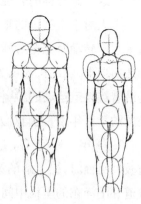

图1.9 男女站姿的不同比例

构,使人感到优美、均衡、舒畅(图1.10).

即使是筵席中服务员在圆桌面上布置的餐具,也都十分讲究对称(图1.11),碟子和筷子相间,基本上等距排列,形成一幅很整齐、舒心的画面.

图1.10　汉字的结构

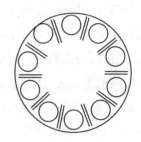

图1.11　筵席中餐具的排列

(3) 动静皆有对称

上面列举的这些对称性实例大多是静止的,但希望不要形成一个错觉.实际上对称并非是一个静态的概念,它更多地也体现在运动变化之中.

例如,圆运动就是一种具有对称特性的运动.因为不仅圆的图形显得匀称,而且它绕圆心转过任何角度,都保持着原来的形状不变——这就是对称的表现.

古人对宇宙认识的重要支柱是对称.平面上的圆、空间的球,由于它们转动时完全对称而被古希腊毕达哥拉斯学派认为是最完美的几何图形.因此古人认为天上的星体(指当时的五大行星)必然也是沿着圆轨道运动的.从柏拉图到托勒密到亚里士多德到哥白尼所经历的千百年中,人们对天体运动的解释,都基于这样的观念.

1974年5月30日,毛泽东与来访的著名美籍华人物理学家李政道教授见面时,想了解的第一件事就是物理学中的对称性.当时,李政道和毛泽东的坐椅中间有一个小茶几,上面放着铅笔、笔记本和两杯绿茶.李政道随即把铅笔放在笔记本上,把笔尖指向毛泽东,然后再把笔尖指向自己,笔尖转过来,又转过去.李政道说:"这运动没有一刻停止,但这整个过程却具有对称性."李政道的这一简单而生动的演示,直观地显示了运动变化之中的对称性.

关于对称的进一步说明

(1) 对称与变换的不变性

从前面的直观形象可以看到,一些动物形体(包括人体)的一边与另一边完全相同,可以折叠重合,具有左右对称性.平静的水面会呈现地面物体清晰的倒影,向上和向下的结构完全相同(不变),具有镜面对称性(图 1.12).一个圆旋转任意角度,都会保持形状不变,具有旋转对称性.一个用相同珠子、间隔同样距离串连起来的手链,平移一颗珠子后结构(图形)完全重复,表示具有平移对称性(图 1.13)……由此可见,图形的对称性与某种变换的不变性相关.

图 1.12　公园里木桥的倒影

图 1.13　珠串

把上述这些具体的变换概括起来,可以这么说:如果一个图形(或物体)由若干个相同部分组成,或者一个图形(或物体)经过左右交换、平移、转动等变换后保持不变,那么它就是对称的.

例如,等腰三角形相对于它的中心线是对称的.这种左右对称的几何图形可以分成左右两个相同部分,左右两边可以折叠,保持每部分的图形不变.因此,等腰三角形相对于中线是对称的(图 1.14).一个圆旋转任意角度都保持形状不变,表明它具有旋转对称性

(图 1.15).

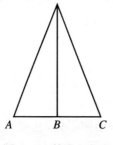 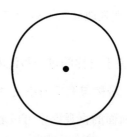

图 1.14 等腰三角形 　　　图 1.15 圆

随着人们对自然界认识的深化和自然科学的发展,对称的概念现在已不再局限于空间图形或客观物体了. 例如,季节的轮回、摆锤周期性的摆动等,都可以作为时间的对称性表现;自然界运动规律在空间和时间中的不变性,表现为运动规律的对称性;等等. 从这个意义上说,对称和不变具有等价性.

因此,对称的概念早已超越了最初的左右对称或镜面对称的局限,现在已具有普遍的意义了.

(2) 常见的对称操作

为了进一步说明对称的普遍意义,需要引入一些概念.

在物理学中,我们把对称性问题中的研究对象称为"体系",一个体系可以处于不同的"状态",体系从一个状态到另一个状态的变换称为"操作". 如果体系从一个状态变到等价的另一个状态,或者说,使体系经过一个保持不变的操作,就称为"对称操作",也可称为体系对这种操作是对称的.

在对称操作中,最基本的两种是空间操作和时间操作(此外还有电荷共轭操作等). 与这两种操作相对应的就是空间对称操作和时间对称操作.

第一种:空间对称操作(又称为 P 变换)

空间对称操作包括空间反演、空间平移、空间旋转等几种操作.

空间反演

空间反演操作就是常见的镜像变换. 例如, 平时对着镜子整理仪容, 在不知不觉中天天进行着空间反演操作. 在初中物理中研究平面镜成像特性时, 已经认识了这种变换的特性——大小不变、左右互换.

从更普遍的意义上说, 如果一个物体能通过平面 E 的反射与自己重合, 在物理学中就称这个物体关于给定的平面 E 是对称的. 如图 1.16 所示, 平面 E 可把右边的任一点 P 变成 P', 即物体中每一点的坐标 $x \to -x$, 保持 y、z 坐标不变. 这种对称性称为"左右对称"或"镜像对称", 它就是在空间反演操作下不变的对称性, 也就是我们平常最为熟悉的一种对称性.

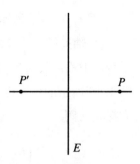

图 1.16 镜像对称

一般情况下, 对于三度空间的物体, 空间反演就是把各空间坐标轴同时反向. 如图 1.17 所示的直角坐标系, 发生空间反演时, 随着坐标轴的反向, 任何一个质点 P 的位置坐标都同时发生变化, 即

$$P(x, y, z) \to P(x', y', z')$$

因此, 物体在原坐标系与反演后的坐标系中各运动规律之间的关系, 相当于物体和它在镜中所成的像之间的关系.

必须注意, 不同矢量空间反演后的表现结果不同. 根据这个特点, 物理中的矢量可以分为两类:

① 极矢量——经过空间反演操作后, 与反射面垂直的分矢量反向, 与反射面平行的分矢量不变(图 1.18). 位移、速度、加速度、力等都是极矢量.

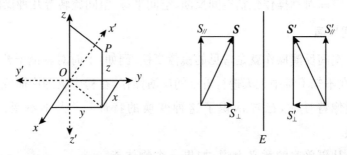

图 1.17　空间反演对称性图　　图 1.18　极矢量

② 轴矢量——经过空间反演操作后,垂直反射面的矢量不变,平行反射面的矢量反向.轴矢量反演后仍然保持原来的"螺旋法则".图 1.19 所示的角速度矢量,原来适用于右螺旋法则,反演后仍然为右螺旋法则.

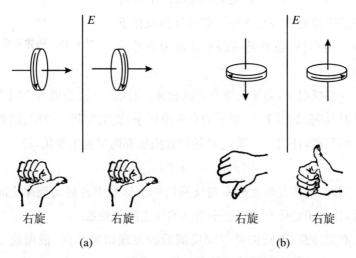

图 1.19　空间反演后,旋转方向与右螺旋法则不变

空间平移

我们通过一个同学们比较熟悉的具体问题加以说明:图 1.20 所示为一列横波的波动图像,根据波传播的周期性,沿着波的传播方向

上相隔距离 $x=\lambda$ 或 $x=n\lambda$，波形不变.

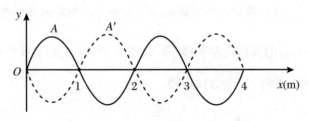

图 1.20　波的平移不变性

这个情况就像上面所说的"珠串"一样，移动一颗珠子保持原来的形状. 因此，我们可以这么说，简谐波沿着波的传播方向，具有空间平移不变性. 也就是，具有空间平移对称性.

在研究简谐波的一些问题中，常常会应用到波的这种空间平移对称性.

例如，一列简谐横波沿 x 轴传播，周期为 T，$t=0$ 时刻的波形如图 1.21(a) 所示. 此时平衡位置位于 $x=3$ m 处的质点正向上运动. 若 a、b 两质点平衡位置的坐标分别为 $x_a=2.5$ m，$x_b=5.5$ m. 要求判断在 $t=\dfrac{1}{4}T$ 时刻 a 质点的运动方向和 $t=\dfrac{3}{4}T$ 时刻 b 质点的运动方向*.

由于 $t=0$ 时刻，$x=3$ m 处的质点正向上运动，根据波的传播特性可知，波源在右方，这列波向 x 轴负方向传播. 因此，为了判断 a、b 两质点在某时刻的运动方向，我们可以将波形向左平移.

$t=\dfrac{1}{4}T$ 时，波向左传播距离 $x=vt=\dfrac{1}{4}\lambda$，对应的波形图相当于将图 1.21(a) 的波形向左平移 $\dfrac{1}{4}\lambda$，如图 1.21(b) 的虚线所示，可见此

---

* 这个问题取自 2019 年广东高考物理试题 8 的一部分.

刻质点 a 正向 $+y$ 轴方向运动.

$t' = \dfrac{3}{4}T$ 时,波向左传播距离 $x' = vt = \dfrac{3}{4}\lambda$,对应的波形图相当于将图 1.21(a) 的波形向左平移 $\dfrac{3}{4}\lambda$,如图 1.21(b) 的粗实线所示,可知此刻质点 b 正向 $-y$ 轴方向运动.

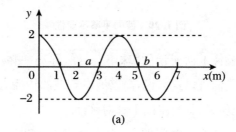

(a)

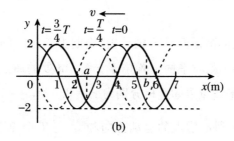

(b)

图 1.21

一般情况下,对于一维运动,一个体系的坐标发生了变换:
$$x \to x + x_0 \quad (x_0 \text{ 为常量})$$
若体系具有这个坐标变换下的不变性,则称为空间平移对称性.

空间旋转

空间旋转对称可以有两种形式:

① 轴对称性——如果一个体系绕某直线(轴)旋转任意角度后与自身重合(不变),那么就称这个体系具有轴对称性.

前面已经说过,平面上的圆具有空间旋转对称性. 如果在圆内添加一对相互垂直的直径(图 1.22(a)),显然,只有旋转 90°的整数倍时才能与它自身重合.

一个五角星和香港的标志紫荆花,都由五个相同部分组成,将五角星或紫荆花绕其中心轴(垂直五角星和紫荆花的平面)转动 72°(或 72°的整数倍),整个图形保持不变,表明它们具有旋转对称性(图 1.22(b)).

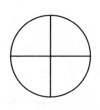  

(a) 添加直径的圆　　　　　　(b) 五角星和紫荆花

图 1.22

但是,五角星、紫荆花或添加两条直径的圆,它们与圆形的旋转对称性不同——它们对旋转角度有一定的要求.用一句术语表示:圆形相比于五角星、紫荆花和添加直径的圆有更多的旋转对称性;或者说,五角星、紫荆花和添加直径的圆,它们比单纯一个圆的对称性少.

② 球对称性——如果一个体系绕某点做任意旋转后与自身重合(不变),那么就称这个体系具有球对称性.

例如,静止的均匀带电球体相对球心具有球对称性,它在空间的场强分布同样具有球对称性.

第二种:时间对称操作(又称为 T 变换)

时间对称操作包括时间平移、时间反演等操作过程.

时间平移

对于图 1.20 所示的波动图像,根据波传播的周期性,从质点位于某位置开始经过时间 $\Delta t = T$ 或 $\Delta t = nT$,波形重复,表示波动图像同样具有时间平移对称性.

一般情况下,一个体系的坐标发生了时间变换:
$$t \to t + t_0 \quad (x_0 \text{为常量})$$
若体系具有这个时间变换下的不变性,则称为时间平移对称性.

因此,如果一个运动物体,每经过一个确定的时间都能重复原来的运动状态,即具有周期性的特点,那么从对称的意义上都可以称它具有时间平移对称性.

时间反演

时间反演就是把时间的流向倒转,使事件逆着原来的方向进行. 就像我们用录像机把真实的生活过程记录下来后倒过来放映. 如以放映这天为基点,则像带上摄下的前 10 天、前 8 天、前 6 天、前 4 天、前 2 天的生活镜头,倒着放映时,将先出现后来拍摄的生活镜头,好像我们先过后天,再过明天、今天一般.

拍电影时,一个演员从高墙上跃下,倒着放映时,就会表现出这个演员有绝顶的"轻功",他能轻而易举地从地面上一跃而起,反身跳上高墙(图 1.23).

图 1.23 绝顶的"轻功"

一列火车进站时,它的速度逐渐减小,最后停止. 经时间反演后,就好像这列火车从静止状态出发,倒着开行做加速运动(图 1.24).

1 什么叫对称

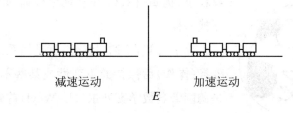

图 1.24

单摆做无阻尼振动时,当单摆从左端位置 A 经 O 点向右端位置 B 振动时记录下来的图景,倒着放映时(即做时间反演时),只是摆球速度反向,但加速度方向不变,表示它具有某些时间反演不变性(图 1.25).

不过,日常生活中的大多数现象都不具有时间反演对称性,时间反演在现实生活中是不能实现的. 我们常用流水比喻时间——看不见的时间,神秘的时间像河水一样均匀地流逝着向前,永不停息. 古希腊哲学家赫拉克利特(Heraclitus)强调一切事物都是短暂的、不是永存的. 他说,两脚踩不着同一股河水,因为在你四周总有新的河水流过. 他的学生克拉蒂勒斯(Cratylus)补充说,你甚至不能一脚把它踩住,因为当你踩的时候,你和河水都正在变为另一个你和河水了(图 1.26)——真是青出于蓝而胜于蓝!

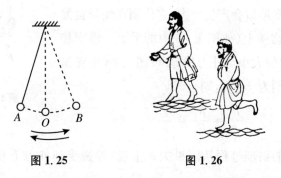

图 1.25   图 1.26

除了上面所说的空间对称操作和时间对称操作外,还有电荷共轭变换(又称为 C 变换),就是将体系中所有的粒子都变换成相应的

图 1.27 共轭变换*

反粒子,犹如图 1.27 中将两个熊猫的颜色做了互换一样.

综上可知,所谓对称性,就是体系经过某些变换(操作)后保持的不变性或某些不变性. 这是德国著名数学家外尔(H. Weyl)首先给出的对称性定义. 所以,体系从一个状态到另一个等价状态的操作(或保持原来状态不变的操作),都称为对称性操作,或称为体系具有某种对称性.

1.3 对称性原理

(1) 从弹簧的形变谈起

在研究弹簧的伸长或压缩变形时,我们从实验知道,在弹性限度内,作用在弹簧上的外力越大,弹簧发生的形变(伸长量或压缩量)越大,它们之间有一个简单的正比关系. 如图 1.28 所示,当用不同的力 F_1、F_2 拉竖直悬挂的弹簧时,设弹簧的伸长量分别为 x_1、x_2,则

$$\frac{F_1}{F_2} = \frac{x_1}{x_2}$$

弹簧变形后会产生弹力,它作用在使弹簧发生形变的物体上(如图 1.28 中的手上). 形变稳定后,弹力的大小与外力相等. 设图 1.28 中弹簧的弹力分别为 f_1、f_2,则

$$\frac{f_1}{f_2} = \frac{F_1}{F_2} = \frac{x_1}{x_2}$$

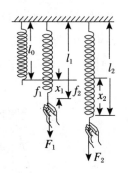

图 1.28

上面的物理过程从因果关系上说:弹簧受到外力 F 的作用(原

---

* 这个变换中还包括镜像对称性,可以称为 CP 变换.

因),使弹簧发生形变 x(结果);由于弹簧的形变 x(原因),使它产生了弹力 f(结果). 这个关系可表示为

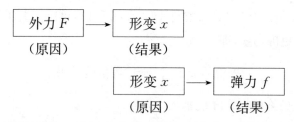

在初中物理学习中较直观地从前一层因果关系考虑,得到一个规律:在弹性限度内,弹簧的伸长与受到的拉力(外力)成正比.

高中物理学习中较深入地从后一层因果关系考虑,得到一个规律(胡克定律):在弹性限度内,弹簧弹力的大小和弹簧伸长(或缩短)的长度成正比.

(2) 对称性原理

上面从弹簧的形变中可以看到,不论是初中物理还是高中物理,我们所得到的物理规律都是反映客观事物之间的因果关系.

其实,其他的任何物理规律也都是某种因果关系的反映. 这里的条件是"因",现象为"果",两者之间的箭头代表"必定产生". 在一定条件下必然会出现一定的现象,或者说,"在相同的原因下必然产生同样的结果",即

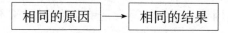

这就是因果关系所揭示的必然联系. 正如在数学方程中的方程组与它的解答之间的因果关系一样;方程组是"因",解答就是其"果".

不过,在现实生活中,没有绝对相同的事物. 所谓"相同",都是近似的,或者仅是就某一方面的效果而言的. 譬如,如果我们不用手拉弹簧,也可在弹簧下挂上适当的物体,只要其重力分别满足条件

$$G_1 = F_1, \quad G_2 = F_2$$

弹簧就会产生同样的伸长. 这里的重物使弹簧在产生形变的效果上与原来用手拉弹簧的效果相同(图 1.29). 所以,可以把上面的因果关系表示得更确切些,即

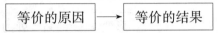

这就是因果关系的等价原理.

因为保持等价的操作即为对称操作,因此上面的原理又可改成

等价的原因 ⟶ 等价的结果

例如,我们用同样大小的力拉弹簧或压弹簧,弹簧的伸长或缩短相对于平衡位置是对称的(图 1.30).

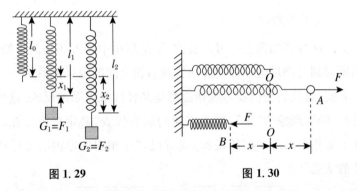

图 1.29   图 1.30

应该注意:因果关系中的箭头是单向的,反过来不一定正确. 也就是说,等价的结果有可能来源于不等价的原因,对称的结果有可能来源于不对称的原因. 所以,更普遍地可表示为

| 原因中的对称性必定反映在结果中 | 或者 | 结果中的不对称性必定在原因中有所反映 |

也可说成是

| 结果中的对称性至少有
原因中的对称性那么多 | 或者 | 原因中的对称性至多有
结果中的对称性那么多 |

这就是著名的法国物理学家皮埃尔·居里(Pierre Curie)于 1894 年提出的"对称性原理".

例如,两个弹性小球在光滑水平面上发生正碰时,由系统的动量守恒和动能守恒有关系式

$$m_1 v_{10} + m_2 v_{20} = m_1 v_1 + m_2 v_2$$

$$\frac{1}{2} m_1 v_{10}^2 + \frac{1}{2} m_2 v_{20}^2 = \frac{1}{2} m_1 v_1^2 + \frac{1}{2} m_2 v_2^2$$

碰后速度的合理值分别为

$$v_1 = \frac{(m_1 - m_2) v_{10} + 2 m_2 v_{20}}{m_1 + m_2}$$

$$v_2 = \frac{(m_2 - m_1) v_{20} + 2 m_1 v_{10}}{m_1 + m_2}$$

显然,这里的方程组就是"因",解答是其"果". 由于将方程组的下标 1 和 2 互相置换后,仍然可以得到原来的方程,表示该方程组具有下标置换的对称性,因此其解答结果同样具有下标置换的对称性——将下标互换后,可以得到原来的结果. 这也就是说,原因中的对称性与结果中的对称性一定互相对应. 居里的"对称性原理"可以在这里得到很直接的反映.

(3) 对称性原理的应用

利用对称性原理,我们可以较方便地对一些物理现象做出直观的判断.

同步卫星

在地球赤道平面上发射一颗同步卫星,地球对卫星的引力(F)沿着地心 O 与卫星的连线,由它作为卫星绕地球运动的向心力,即

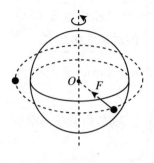

图 1.31 同步卫星

$$F = m\frac{v^2}{r}$$

因此,已知某时刻的速度 v 和引力 F,就可以确定卫星的轨道. 在这里,卫星运动的原因是地球对卫星的引力,其结果就是卫星所呈现的在赤道平面内的匀速圆周运动(图 1.31). 按照对称性原理:"原因中的对称性必反映在结果中",由于地球对卫星的引力显示出轴对称性,故而卫星的轨道也必然具有轴对称性,它不可能朝某一侧偏离而离开这个平面.

在哥白尼模型中,各行星绕太阳在一定的轨道平面内运动也是这个道理.

抛体运动

通常水平抛出和斜向抛出的物体,它们的轨道平面必在重力方向和初速方向所决定的竖直平面内,也是由于其原因(mg、v_0)关于轨道平面呈镜像对称的缘故——利用图 1.32 可以得到更直观的理解.

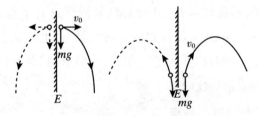

图 1.32 抛体运动

如果我们发现抛体的轨道偏离竖直平面,则必定存在着对于此平面不对称的其他因素,如横向的风力作用等.

足球运动员踢出的"香蕉球",无风时球也会按照人的意志拐弯,一些优秀的足球运动员常用它发"角球"直接破门得分(图 1.33). 这时,足球运动的轨道平面已不在初速方向和重力方向决定的平面内.

即使我们不会踢足球,也不知其中的空气动力学原理,但根据"对称性原理"可以肯定一点:其中必定存在着不对称的因素.运动员会向你坦诚相告其中的奥秘——踢球时同时使球旋转,球的旋转方向决定了球的偏斜方向,因为旋转着的球左右是不对称的,足见你的判断完全正确.

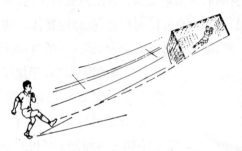

图 1.33　角球破门

注　流体(空气或液体)中的球体做平动时,球体左右(或上下)两侧流体对称分布,流速相同,无侧向压力,如图 1.34(a)所示.当球体同时旋转时,球体左右(或上下)两侧流体的分布不对称,流速不同.流速大的一侧形成低压区,流速小的一侧形成高压区,从而产生一个从高压区指向低压区的侧向压力,迫使球体偏离原来运动的直线方向产生弯曲,如图 1.34(b)所示.这一现象是德国科学家马格努斯(Magnus)于 1852 年首先发现的,称为马格努斯效应.

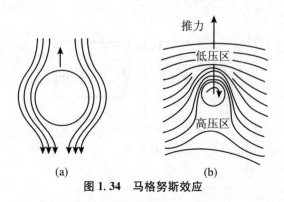

图 1.34　马格努斯效应

马赫的困惑

据说,年轻的奥地利著名物理学家马赫(E. Mach),刚了解到丹麦物理学家奥斯特于 1820 年发现的电流磁效应(即通常所称的奥斯特实验)时,曾感到理智上受到极大的震动.因为在他看来,既然整个几何和物理的排列,包括电流和磁针的南北极在内,对通过导线和磁针的平面来说,显示出良好的对称性,就像抛物体在初速和重力所组成的平面内一样,那么磁针怎么会向纸外(或纸内)偏转呢?

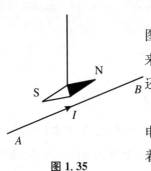

图 1.35

马赫的困惑就在于他仅从外观上认为图 1.35 的装置对包含导线和磁针的平面来说,显而易见是镜面对称的.当年的马赫还不知道内部分子结构的不对称性.

现在我们知道,根据安培提出的分子电流假设,组成磁体的物质微粒内部存在着一种环形电流,其左右本来就是不对称的.因此对包含导线和磁针的平面来说,表面的镜面对称并不是真实的(图 1.36).磁体在发生镜像反演时,南北极会对调.由于这种不对称因素的存在,磁针才会偏离原来的平面,就像足球运动员踢出的香蕉球一样.所以奥斯特实验并未违背对称性原理.马赫的困惑也就可以得到解决了.

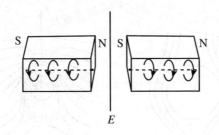

图 1.36

哪个球会停止

有四个质量相同的均质小球静置于光滑水平面上,如图 1.37 所示. 现使小球 1 按照图示方向以速度 v_0 运动,假设各个小球间的碰撞都是弹性的,试判断,最后哪个小球会停止运动.

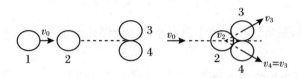

图 1.37 哪个球会停止运动

根据弹性碰撞的规律,小球 1 与 2 做弹性碰撞后互换速度. 两球的碰后速度分别为

$$v_1' = 0, \quad v_2 = v_0$$

接着,小球 2 与 3、4 两球同时发生弹性碰撞. 根据小球所排列的位置,3、4 两球相对于入射速度方向具有"上下"的对称性,因此它们的碰后速度必然也具有这样的对称性. 设 3、4 两球的碰后速度分别为 v_3 与 v_4,则对其速度大小必定有

$$v_3 = v_4$$

根据对称关系并结合几何条件可知,3、4 两球的碰后速度方向与入射速度 v_0 方向间的夹角一定相等,均为 $\theta = 30°$. 设小球 2 与 3、4 两球碰后的速度为 v_2',由动量守恒和动能守恒,有

$$mv_0 = mv_2' + 2mv_3\cos 30°$$

$$\frac{1}{2}mv_0^2 = \frac{1}{2}mv_2'^2 + 2 \times \frac{1}{2}mv_3^2$$

联立两式解得

$$v_2' = -\frac{1}{5}v_0, \quad v_3 > 0$$

这个结果表示,小球 2 与 3、4 两球碰撞后以大小为 $\frac{1}{5}v_0$ 的速度

反弹(沿图 1.37 中水平线向左运动),3、4 两球则以同样大小的速度分别斜向运动.

此后,小球 2 便与球 1 再做弹性碰撞,再次互换速度后,1、2 两球的速度大小分别为

$$v_1'' = \frac{1}{5}v_0, \quad v_2'' = 0$$

所以,最后这个系统中只有小球 2 会停止运动.

1.4 对称与物理规律

(1) 认识的先导

在物理学的发展过程中,人们认识某一物理现象和规律之前,往往先从其中的对称性上去认识;或者,通过对某些对称性的认识,常常可以为进一步认识有关物理现象和规律起着先导作用. 下面的这两个事例很有典型意义.

杠杆原理

古希腊杰出的力学奠基人阿基米德(Archimedes of Syracuse)在《论平面的平衡》一书中,关于杠杆的第一条"不证自明的公理"是:"在无重量的杆的两端离支点相等的距离处挂上相等的重量,它们将平衡."

德国著名的数学家、物理学家外尔(H. Weyl)认为:阿基米德就是依据对称先验性地得出结论的. 因为整个结构对杠杆的中心面 E 是对称的(图 1.38),因此不可能一个上升,另一个下降.

现在,如果我们顺着这条思路走下去,也很容易得到杠杆平衡条件.

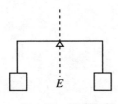

图 1.38 平衡杠杆

如图 1.39(a)所示,在一根轻杆上装有三个质量相等的小球,左右两球对中间的小球对称放置,杠杆处于平衡状态. 若把其中两个小

球组合在一起,然后把它们另置于一个较低的杆的两端,并由其对称点把低杆悬挂起来,杠杆仍平衡(图1.39(b)).最后,将这两个小球在较低的杆上滑移到一起,并把它作为一个球悬挂起来,杠杆也平衡(图1.39(c)).

这样就得到了当左右两边的球重之比是1∶2时,它们离支点的距离之比是2∶1的结论.

同理,对图1.40中可以得到当左右两边的球重之比是2∶3时,它们离支点的距离之比是3∶2的结论.

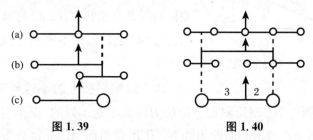

图 1.39　　　　　　图 1.40

对于任意臂长比的杠杆平衡条件,也可以沿着这样的思路,从对称性的思考中得到.

斯台文链

力的平行四边形法则是物理学中的一个重要法则.比利时力学家斯台文曾对它做出过很大贡献.

1586年,斯台文在他的力学研究著作《静力学原理》的封面上画了一幅图——有14个相同的光滑小球等距地组成一根链条,挂在光滑的直角三棱柱上(图1.41).

表面看来,由于三棱柱两边的球重不等,链条会自右向左滑动.但是,如果左边的一个球滑下,右边的一个球就会

图 1.41　斯台文著作的封面

补充上去,又恢复原来的样子.从对称性的意义上说,这样的链条具有平移的对称性,就像前面说的珠串一样.

由于这样的平移对称性,链条就会形成周而复始、永恒不止的运动.显然,它有悖于永动机不可能实现的思想,可见链条一定静止在斜面上不会滑动.这也就意味着,三棱柱两侧斜面上所有小球受到的沿斜面方向总的作用力必定相等.

为了便于研究,单独把这个封面三棱柱图放大,并用符号标为 ABC,设三棱柱的两条直角边 AB、AC 与水平放置的斜边 BC 之间形成不同的夹角分别为 α、β(图 1.42).

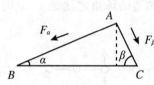

图 1.42　对斯台文链的分析

由于两侧斜面上的小球数量不同,因此两侧每个小球沿斜面下滑的力的大小是不同的.设作用在斜面 AB 上每个小球沿斜面的力为 F_α,作用在斜面 AC 上每个小球沿斜面的力为 F_β.平衡时,一定满足条件

$$\frac{F_\alpha}{F_\beta} = \frac{\text{斜面 }AC\text{ 上的小球数}}{\text{斜面 }AB\text{ 上的小球数}} = \frac{AC}{AB}$$

结合正弦定理,即得

$$\frac{F_\alpha}{F_\beta} = \frac{AC}{AB} = \frac{\sin \alpha}{\sin \beta}$$

设斜面的高为 h,AB 长为 l,当 $\beta = 90°$ 时,F_β 就是球重,于是有关系式

$$F_\alpha = F_\beta \sin \alpha = G \sin \alpha = G \frac{h}{l}$$

这就是说,放在斜面 AB 上的每个小球受到沿斜面向下的力仅为球重的 h/l 倍.于是,斯台文就得出了一条斜面定律:一个重为 G 的物体,放在高为 h、长为 l 的光滑斜面上,可以被一个平行于斜面、方向向上的力所平衡.这个力的大小为

$$F = \frac{h}{l} G$$

斯台文用一根链条设计的理想实验,巧妙地解决了光滑斜面上物体的静力平衡问题,实际上已引进了力的分解法则.后人把这一根链条称为斯台文链.

(2) 物理规律中的对称性

根据对称性的一般定义:对称性就是某个现象(或体系)在某一变换下保持的不变性.对这种变换的不变性,粗浅而形象地理解时,就是换个位置、换个角度或换个场合所观察到事物的不变性.例如,镜像对称性,可以设想变换到镜子里去观察;空间平移对称性,则是平移一个位置去观察;旋转对称性,相当于换一个角度去观察;时间平移对称性,就是要求所观察的规律不随时间变化,即昨天、今天和明天的规律都是相同的;等等.

发生变换后体系保持原来状态的这种不变性与物理规律有着广泛的联系,或者可以这么说,许多物理规律中常常蕴含着某种对称性.

竖直上抛运动

大家知道,竖直上抛运动中的速度和时间有一定的对称性:

(1) 速度对称性 物体在上升过程和下降过程中经过同一点(同一高度位置)的速度大小相等.

如图 1.43(a)所示,设物体以初速度 v_0 竖直上抛,上升过程和下降过程经过同一位置 P 的速度分别表示为 $v_上$、$v_下$.若 P 点离地高为 h,物体上升的最大高度为 H,则由运动学公式知

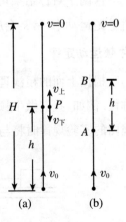

图 1.43

$$v_{上}^2 = v_0^2 - 2gh$$

$$v_{下}^2 = 2gH = 2g\left(\frac{v_0^2}{2g} - h\right) = v_0^2 - 2gh$$

可见

$$v_{上} = v_{下}$$

（2）时间对称性　物体在上升过程和下降过程中经过同一段高度所用的时间相等.

如图 1.43(b) 所示，设物体上升过程和下降过程中经过高为 h 的 A、B 所用的时间分别为 $t_{A\text{-}B}$ 和 $t_{B\text{-}A}$，$A \rightarrow B$ 时的速度分别为 v_A、v_B，$B \rightarrow A$ 时的速度分别为 v_B'、v_A'. 由于物体上升和下降都是匀变速运动，根据平均速度公式知

$$h = \bar{v}t = \frac{v_A + v_B}{2}t_{A\text{-}B} = \frac{v_B' + v_A'}{2}t_{B\text{-}A}$$

由于上面已经证明了上升过程和下降过程经过同一位置的速度大小相等，即 $v_A = v_A'$、$v_B = v_B'$，因此有

$$t_{A\text{-}B} = t_{B\text{-}A}$$

这两个对称结果可以看成是时间反演对称性的表现. 在研究竖直上抛运动中，常常会应用到这两个对称性.

牛顿运动定律

根据上面的粗浅理解，立即可以知道，牛顿运动定律具有镜像对称性. 例如，我们做牛顿第二定律实验时，前面放一面大镜子，那么看镜内的实验规律时将与镜外的完全相同(图 1.44).

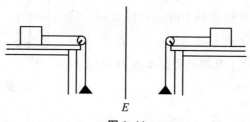

图 1.44

同样道理,牛顿运动定律还同时具有:

空间平移对称性——无论在北京、上海或其他不同的地方,物体的运动都遵循牛顿运动定律;

时间平移对称性——无论今天、明天或在其他不同的时间,物体的运动都遵循牛顿运动定律;

空间旋转对称性——从不同方向观察,物体的运动都遵循牛顿运动定律.

下面,再从牛顿运动定律的公式进一步认识一下它所具有的时间反演对称性.

例如,一质量为 m 的物体在恒力 F 的作用下沿平面做加速运动,在时间 t 内速度从 v_1 增加到 v_2(图 1.45). 根据牛顿运动定律:

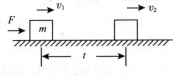

图 1.45

$$F = ma = m\frac{v_2 - v_1}{t}$$

如果对这一物体的运动做时间反演变换,用 $-t$ 代替 t,则物体就像倒着做减速运动,也就是说物理过程反向进行,因此其初、末速度分别互换,且方向反向,即

$$v_{1(-t)} = -v_{2(t)}, \quad v_{2(-t)} = -v_{1(t)}$$

反演后的加速度为

$$a_{(-t)} = \frac{v_{2(-t)} - v_{1(-t)}}{|-t|} = \frac{-v_{1(t)} - (-v_{2(t)})}{t}$$

$$= \frac{v_{2(t)} - v_{1(t)}}{t} = a_{(t)}$$

可见,时间反演不会引起加速度的变化,即加速度具有时间反演对称性(速度不具有时间反演对称性),因此牛顿第二定律经时间反演后可表示为

$$F_{(-t)} = ma_{(-t)} = ma_{(t)} = F_{(t)}$$

这就是说,牛顿第二定律对时间反演具有不变性,时间的过去和未来在牛顿运动方程中是对称的*。或者可以这么说,如果一个体系具有时间反演对称性,则某一个正向运动的逆向过程也是一种可能的运动.

实际上,许多物理规律——如胡克定律、牛顿万有引力定律和库仑定律等,这些规律中所给出的力,都只是与质点的空间位置有关而与速度无关,这些规律中的比例系数(如劲度系数 k、万有引力常量 G 和静电力恒量 k 等)都是与时间无关的量,因此这些规律与牛顿第二定律一样,都具有时间平移对称性.

电磁现象中的对称性

在静电场中常常会见到这样的问题:一个带电粒子加速后,垂直电场方向从两平行板中央射入匀强电场,经电场加速后,从平行板的另一端射出电场. 上面介绍过的空间操作(P 变换)、时间操作(T 变换)和共轭操作(C 变换)都可以概括在这个物理过程中(图 1.46). 可见,电磁相互作用现象具有空间反演不变性、时间反演不变性和电荷共轭变换不变性.

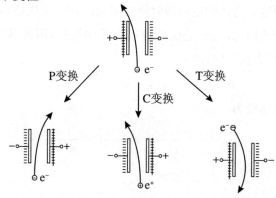

图 1.46 带电粒子在电场中运动的 P 变换、T 变换和 C 变换

---

* 大学物理中,加速度表示为位移对时间的二阶导数 $a = \dfrac{d^2 x}{dt^2}$,牛顿第二定律的方程为 $F = ma = m\dfrac{d^2 x}{dt^2}$,当 t 以 $-t$ 代替时,明显具有不变性.

力学守恒定律

我们先研究一个具体问题:如图 1.47 所示,在光滑水平面上,用一根劲度系数为 k 的轻弹簧系住一个质量为 m 的小球. O 点为弹簧自然长度的端点位置,即小球振动过程中的平衡位置,并以此位置作为弹性势能的零位置. 当小球在平衡位置两边振动时,

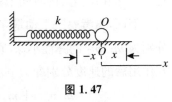

图 1.47

对于振动过程中的任何位移 x(或 $-x$),根据能的转化和守恒,一定有关系式

$$E = \frac{1}{2}kA^2 = \frac{1}{2}mv^2 + \frac{1}{2}kx^2$$

式中 A 为弹簧振子的振幅. 振动过程中的总能量、动能与势能的变化如图 1.48 所示.

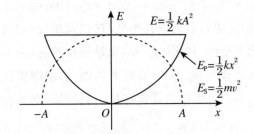

图 1.48 振动过程中的总能量、动能与势能的变化

显然,这里能的转化和守恒与时间无关,不仅今天的结果正确,明天、后天及其他时间里都会有同样的结果,都同样正确. 可见,弹力做功的系统具有时间平移对称性.

我们知道,弹力与重力一样都是保守力*,如果把上面从弹簧振子系统得到的结论推广出去,就可以得到这样的结论:保守力都具有

---

* 浅显地说,凡做功与路径无关,仅与始、末位置有关的力,都是保守力.

时间平移对称性.因此,与保守力做功相对应的系统的势能和动能不随时间变化,即具有时间平移对称性.或者可以这样说,机械能守恒定律与相互作用力的时间平移对称性有关.

下面,再考察一下动量守恒定律.设在光滑水平面上有两个质量分别为 m_1、m_2 的弹性小球,它们原来以速度 $v_{1(t)}$ 和 $v_{2(t)}$ 运动,发生相互作用后的速度分别变为 $v'_{1(t)}$ 和 $v'_{2(t)}$,根据动量守恒定律,有

$$m_1 v_{1(t)} + m_2 v_{2(t)} = m_1 v'_{1(t)} + m_2 v'_{2(t)}$$

当时间反演时,原来的每个速度都是反对称的,即:

碰前速度变化为 $\quad v_{1(t)} \rightarrow -v_{1(-t)}, \quad v_{2(t)} \rightarrow -v_{2(-t)}$

碰后速度变化为 $\quad v'_{1(t)} \rightarrow -v'_{1(-t)}, \quad v'_{2(t)} \rightarrow -v'_{2(-t)}$

时间反演的结果为

$$m_1(-v_{1(-t)}) + m_2(-v_{2(-t)}) = m_1(-v'_{1(-t)}) + m_2(-v'_{2(-t)})$$

或

$$m_1 v_{1(-t)} + m_2 v_{2(-t)} = m_1 v'_{1(-t)} + m_2 v'_{2(-t)}$$

可见,动量守恒定律的形式保持不变.这也就是说,动量守恒定律具有时间反演的不变性.其实,这个结果是很自然的,因为动量守恒定律相当于牛顿运动定律当 $F=0$ 时的特例,必然同样具有时间对称性.由此可见,一切由牛顿运动定律推出的结果,都具有时间反演对称性.

从上面这两个浅显的事例中,我们可以初步领悟到,对称性和守恒定律之间有着密切的关系.1916 年德国杰出的数学家艾米·诺特(Emmy Noether)指出:假如一个系统具有对称性,那么必定存在一个相应的守恒律.或者说,每一种对称性都对应着一个守恒定律,有一个守恒量.这就是著名的诺特定律.所以,在更深层次的意义上,可以认为对称性是物理学守恒定律背后的基础.

(3) 对称性的意义

守恒定律是自然界的普遍规律,在物理学中具有"统帅"的地位,

对称作为它背后的基础.显然,关于对称性的研究有着非常重要的意义.

对称性理论不仅对经典物理的研究很有用,人们更感兴趣的是它在粒子物理中的应用.

我们知道,目前在实验中"露面"的粒子已经超过 800 种,形成了一个庞大的粒子家族.各种粒子都有确定的质量、电量、自旋、同位旋、宇称等参数*.此外,还有着更广泛的对称性——某些粒子性质上的一致、结构上的重复、形态上的对应等,表现得更为丰富.例如,一个电子全同于任何另外一个电子,一个碳原子全同于任何另外一个碳原子;非晶体的物质性质各个方向上都保持等价(各向同性);存在着正物质与反物质;等等.这里的不变性(或某一方面的不变性)就是对称性的反映.

所以,虽然表面上看起来,整个粒子世界的品种繁多,性质各异,但由于受到一系列守恒定律和另外一些基本原理的制约,因而显得秩序井然.反过来,粒子物理世界也给应用对称性提供了更多的机会,开拓了更宽广的领域.

著名物理学家、诺贝尔奖获得者温伯格(S. Weinberg)说:"一个理论可能具有高度的、在我们日常生活中又隐而不见的对称性.我认为在物理学中还没有比这样一个想法更有希望了."

 对称的破缺

什么叫作对称的破缺

所谓对称的破缺,简单地说,就是对称性被破坏了.例如,图 1.49 (a)所示的圆(或球),它绕通过其中心的任意轴旋转一个角度后,其形状和位置都不会发生任何变化.圆(或球)的这种性质,称为旋转对

---

* 自旋、同位旋、宇称等与质量、电量一样,也是描述粒子性质的参量.

称性. 如果在这个圆(或球)的周边某处添加一个记号,那么这个圆(或球)就不再具有严格的旋转对称性了,只有当它转过某角度时才能恢复原来的形状和位置. 换句话说,添加记号后在一定程度上破坏了原来的旋转对称性. 物理学中把这种情况称为"对称破缺".

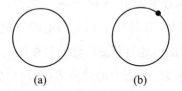

图 1.49　对称破缺的简单说明

　　对称破缺有两个很显著的特点:一是它可以自发产生;二是它具有偶然性.

　　物理学研究发现,对于某个体系来说,有时虽然并没有受到外界的干扰,但是它的对称性会突然下降. 这种现象称为"对称性的自发破缺". 并且,这种对称性的自发破缺,究竟从体系的哪个环节开始,朝什么方向发展等,都带有偶然性.

　　举一个通俗的例子:将一支制作得很均匀的铅笔的一端削得严格地轴对称,然后小心翼翼地用手扶着将笔尖向下直立在水平桌面上. 即使室内没有一点风吹草动,不多久铅笔还是会倒下,并且倒向哪边完全是难以预料的. 这里:

直立的铅笔　⟶　体系的对称状态

铅笔倒下　⟶　对称的破缺

倒下方向的不可预料　⟶　破缺发生的偶然性

不对称的普遍性

　　对称性固然会给人们带来一种匀称、和谐的美感,但处处都显得对称后,难免会使人有一种单调和显得过于严肃的感觉. 正如生活中穿衣打扮一样,一个女孩子在胸前的对称位置绣了两朵同样的花,另一个女孩子只在胸前绣了一朵花,前者能显示出端庄,后者却多了几分灵俏. 法国哲学家卢梭说过:"对称是自然和多样化的敌人."

实际上,不对称在自然界里更普遍. 物质的数量远远比反物质多就是一个鲜明的事例. 不仅许多普通的现象并非对称,即使像物理学中常常引用为对称关系的典范——磁和电,也并非是完全对称的. 例如,在宏观上,从地球、月球、太阳系的各个行星到恒星、银河系和河外星系等各种天体都具有磁场,现代天体物理的研究表明,磁场对天体的起源、结构和演化都有着举足轻重的影响,可是电场在宇宙空间几乎悄无声息,两者显示了明显的差别. 在微观上,最突出的表现就是电场存在着产生它的源——电荷;可是至今的各种实验还没有发现产生磁场的源——磁单极子.

对称性破缺的意义

虽然在现实生活中,不对称现象司空见惯,但是对于长期专注于微观世界的物理学家来说,粒子间相互关系中存在着对称性的思想也是根深蒂固的,因而一旦出现对称的破缺,开始时往往会使人们感到极大的困惑.

例如,在20世纪40年代末,粒子世界中发现一个用习惯的宇称守恒定律无法解释的现象——有两个粒子,一个叫 τ,另一个叫 θ,它们会发生不同的衰变反应:τ 粒子衰变为三个 π 介子,θ 粒子衰变为两个 π 介子. 这样的衰变反应意味着表征它们的"宇称"不同. 可是这两种粒子其他的各种性质完全一样,为什么唯独宇称不同呢? 也就是说,原来具有很好对称性的两个粒子,为什么会在宇称这个性质上形成破缺呢? 这个现象就是著名的"τ-θ 之谜",一时难倒了物理学家*.

1956年,李政道和杨振宁首先对"τ-θ 之谜"成功地做出了解释.

---

* 有关"宇称"的概念及"τ-θ 之谜"的详细介绍,请参阅本书第2章.

他们通过仔细的研究后认为:τ和θ实际上是同一种粒子,只是由于在弱相互作用下发生了宇称的破缺,才形成了不同的衰变反应.李-杨的这个理论,后来由吴健雄用实验做了验证.

τ-θ疑难是一个很典型的弱相互作用下对称性破缺的事例.通过这个疑难的解决,人们对于粒子世界的对称性有了更深刻的认识:对称性虽然是粒子世界的普遍属性,但不同的对称性只能在一定条件下成立,一旦某个条件不具备,其相应的对称性就会发生破缺.也就是说,对称性和对称性的破缺总是相互交织在一起的.

所以,有关对称性破缺的研究很有意义.物理学家往往可以通过对这种破缺的研究去发现它所蕴含着的新内容.

当前,有关对称性破缺的研究最诱人的地方,可能就是在弱-电统一理论下对微观粒子获得质量解释的贡献了*.这个理论和实验的探究还在进一步深入下去.

著名物理学家李政道在复旦大学演讲时,把对称的破缺和看不见的夸克以及宇宙学中的类星体、暗物质等一起列为当代科学的几个大问题,人们正期待着通过对称性破缺的研究,获得更多更新的发现.

---

* 1967~1968年,美国物理学家温伯格和巴基斯坦物理学家萨拉姆分别独立地建立了一种弱作用和电磁作用统一的理论(即温伯格-萨拉姆模型),又称为"对称性自发破缺理论".这个理论对获得质量的机理做了解释.2013年初欧洲核子研究中心宣布发现的"上帝粒子"(希格斯粒子)有力地支持了弱-电统一理论.有关对称性破缺的问题,涉及的知识比较深奥,有兴趣的读者可参阅其他相关的专业书籍.

2 对称思想在科学认识中的作用

客观世界千差万别、千变万化,却又和谐、协调.上下、左右、阴阳、正负……互相对应,构成一个对立统一的整体.反映客观世界的这种内在的一致性、规律的不变性,这种平衡的美感,就是对称性.

在人们对客观世界的认识史上,对称性曾给予人们许多有益的启示.人们通过对称性思考,做出假设、揭示未知的规律、预言未知事件及其基本特性,并从对称性特征上去研究、分析遵循对称的条件或破坏对称的原因等.所以,对称性在物理学中有着极为重要的作用,它是20世纪理论物理学的三大主旋律之一,而且其重要性正随着近代物理的发展与日俱增.*

下面,我们选择若干典型事例,展示对称思想在人类科学认识上所起的作用.

 2.1 由电产生磁 由磁产生电

奥斯特的发现

丹麦物理学家奥斯特(H. C. Oersted)探索电磁联系经历多次

---

* 有位中科院院士在介绍著名物理学家、诺贝尔奖得主杨振宁时说过:杨振宁先生曾经概括了20世纪理论物理学史的三大主旋律,即量子化、对称性和相位因子,这是非常深刻的.

失败后,幸运之神终于降临了.

1820年4月,在一次关于电和磁的讲座快结束时,抱着试试看的心情他把很细的铂丝导线与玻璃罩内的磁针都沿着地磁南北极方向放好,然后接通伽伐尼电池*,结果发现小磁针会偏转一下.这个现象虽然并未引起听讲众人的注意,却使奥斯特十分激动.在以后的三个月里,他做了60多个实验,并于1820年7月21日公开了他的重要发现.奥斯特在报告中写道:"在通电导线周围会产生一种横向的环绕电流的'电冲突',它可以透过非磁性物体,但却被磁性物体所阻抗,从而推动磁性物体发生偏转."

这就是现在初中学生都已熟知的奥斯特实验.如图2.1所示,与直导线同一平面内在导线下方,放置一枚小磁针.当在直导线中通以从左到右的电流时,小磁针的N极垂直纸面向内转动;当在直导线中通以从右到左的电流时,小磁针的N极垂直纸面向外转动.现在我们知道,这是由于导线周围产生了磁场,并且随着电流方向的改变,导线周围的磁场方向也随着改变.

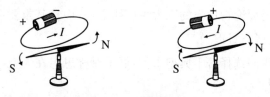

图2.1 奥斯特实验

长期以来,人们认为电和磁两者彼此独立,没有联系.奥斯特这一惊人的发现使当时整个科学界受到很大震动,从此揭开了研究电

---

* 伽伐尼是意大利医学教授.他在1780年的一次解剖青蛙的实验中,偶然发现了接触电现象.后来,意大利自然哲学教授伏打,在伽伐尼所发现的现象基础上,发明了能较长时间提供稳定和持续电流的电堆.为了纪念伽伐尼所做出的贡献,伏打把它命名为"伽伐尼电池".

磁联系的序幕.

法拉第的探索

英国物理学家法拉第(M. Faraday)敏锐地觉察出了奥斯特发现的重要意义,他评价道:"它猛然打开了一个科学领域的大门,那里过去是一片漆黑,如今充满了光明."

奥斯特的实验使法拉第从对称性诱发了一连串思考:这一现象的逆效应是否存在?能不能用磁体在导线中产生出电流?既然磁铁可以使近旁的铁块感应出磁,静电荷可以使近旁的导体感应出电荷,那么电流是否也可以使放在近旁的线圈感应出电流?在1822年的日记里,他记下了一个大胆设想:"由电产生磁、由磁产生电."并使用了"感应"这个词.从此,他就开始了不懈的艰苦探索.

开始时,法拉第也与当时许多科学家一样,沿袭着传统的感应方法.他简单地认为用强磁铁靠近导线,导线中就会产生稳定的电流;或者在一根导线里通以强大的电流,在邻近的另一根导线中也会感应出稳定的电流.前后10年的时间中,他断断续续地做了大量的实验,均以毫无结果而宣告失败.

1831年8月29日,法拉第和他的助手继续进行实验.他们在一个 $\frac{7}{8}$ 英寸(1 英寸 = 25.4 mm)厚、外径约 6 英寸的软铁圆环上绕了两个彼此绝缘的线圈 A 和 B(图 2.2). B 的两端仍用长导线和电流计连接成闭合回路(目的是防止受线圈 A 影响),然后在导线下面放置一个与导线平行的小磁针. A 和一个电池组相连,接在一个开关上.他们把电池组增加到 120 个电瓶,法拉第小心翼翼地合上了开关.强大的电流通过 A 线圈,线圈很快就发热了.然而法拉第看到 B 线圈回路中电流计的指针仍像以往许多次实验一样,纹丝不动.

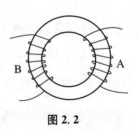

图 2.2

法拉第心情沉重地打开了开关,一个可怕的念头油然而生:"安培、菲涅耳、德拉里夫、科拉顿、阿拉果都退却了,难道这次该轮到自己了吗?"他又记起了父亲那颇有哲理的教诲:"在铁匠面前永远没有顽铁."法拉第又一次鼓足了勇气.

这时,他忽然想到,每次合上开关才去观看电流计,会不会是电流计放得太远了?法拉第抱着试一试的心情把电流计放在眼前.果然,迎来了见证奇迹的时刻——在法拉第合上开关的这一瞬间,电流计的指针抖了一下.法拉第苦苦盼望的现象终于出现了.这真似"踏破铁鞋无觅处,得来全不费工夫".法拉第多年的辛劳,闪耀出成功的曙光.

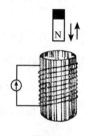

图 2.3

不过,使法拉第感到十分意外的是,由磁感应电的现象竟是一种短暂效应,只有在电流有变化时才有感应作用. 也就是说,只有当磁场有变化时才会产生感应电流. 法拉第猛然领悟了这个原因后,接着顺利地做了一系列实验. 10 月 17 日,他用一个线圈与电流计相连,然后将一永久磁铁插入或拔出线圈(图 2.3),发现电流计指针会偏转,而且偏转的方向不同,真正完成了名副其实的"磁生电"的对称性设想.

法拉第还尝试着获得持续的电流. 同年 10 月 28 日,他把直径为 12 英寸、厚为 $\frac{1}{5}$ 英寸的铜盘装在水平的黄铜轴上,又将两条长为 6~7 英寸、宽约 1 英寸、厚约 $\frac{1}{2}$ 英寸的小磁铁相对放置在铜盘边缘(图 2.4). 他又从一个电流计的两个接线柱上引出两个碳刷(图中未画出). 实验时让铜盘快速转动,同时把两个碳刷分别接到铜

图 2.4　法拉第设计的发电机

盘的不同位置上. 他发现由盘心到磁极所对的铜盘边缘,可以感应出最大的电流. 这个实验装置,就是人类历史上的第一台发电机.

1831年11月24日,法拉第向英国皇家学会报告了整个实验情况,并概括出产生感应电流的五种情况:变化着的电流,变化着的磁场,运动的稳定电流,运动的磁铁,在磁场中运动的导体. 他还正确地指出,感应电流与原电流的变化有关,而不是跟原电流本身有关. 法拉第将这种现象与导体的静电感应做了类比,把它正式定名为"电磁感应". 法拉第成为19世纪电磁学领域中最伟大的实验物理学家.

耐人寻味的思考

法拉第的成功,无疑也是对称思想的一个辉煌成果. 不过,人们在欢呼之余,也展开了耐人寻味的思考:为什么像法拉第这样的大科学家,在探索电磁感应的道路上竟然会花费这么长的时间呢? 从历史的真实来看,是有着多方面的原因的.

第一,研究条件非常困难. 开展电学的研究必须要有电源,当时,伏打电堆刚于1800年研制成功,对动电的研究可以说才起步不久,不仅普通人要进行电学研究简直是一种奢望,就是在皇家学院从事电学的实验工作也是很困难的. 许多最普通的电学仪器都得由自己亲自设计和研制,甚至连绝缘导线也没有,只能用旧布条缠绕使导线之间相互绝缘. 因此,如果没有良好的实验技能和坚韧不拔的毅力,是很难完成实验的.

第二,肩负着其他研究重任. 在1821~1831年期间,法拉第主要从事着化学的工作,冶炼不锈钢、改良光学玻璃、研究气体的液化等,科研任务非常繁重. 他从1825年起担任实验室主任后,还常常要为筹措皇家学会的科研经费而承接其他研究项目. 因此,并不是说在这10年中他一直不停地研究着电磁感应现象.

第三,还有一个很重要的原因是由于思维定势的影响. 静态的感应作用禁锢着包括法拉第在内的许多优秀科学家的思想,常常会使

他们错失眼前宝贵的机遇.例如:

法国物理学家安培在1822年曾经做了不少实验,探索磁生电的奥秘.其中的一个实验装置如图2.5所示.他将一个多匝线圈A固定在绝缘支架上,将另一个单匝线圈B用细线悬挂起来,然后在线圈A中通以强电流,用另一个强磁铁接近线圈B,希望在线圈B中感应出电流.实验中,在给线圈A通电的瞬间,线圈B似乎动了一下.由于安培缺乏思想准备,使得这一瞬间所包含的一个伟大的真理从眼皮底下悄悄地溜走了.

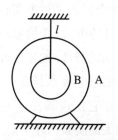

图2.5 安培实验示意图

美国物理学家亨利在1830年的暑假里做电磁铁的实验时,意外地发现,当通电导线中的电流突然切断时,电流计的指针会发生偏转;当电流稳定时,电流计的指针不偏转.亨利对这一个现象感到很奇怪,可惜后来由于实验条件的限制和思想上认识的不足,他也没有继续研究下去.

第四,缺乏合作研究也是妨碍科学发现的另一个因素.当时许多人的研究,都是一个人独立进行的.1823年瑞士物理学家科拉顿更有意思,他将一个线圈跟电流计相连,为了避免磁铁的影响,把电流计用长导线连着,放在另一个房间里.当他把磁铁插入线圈里后,立即跑到另一个房间去观察.在静态感应思想的指导下,科拉顿独自一人,也就失去了发现的机会.后来,有一位科学家很是感慨地说:"可怜的科拉顿,在跑来跑去中失去了良机."

科学研究往往是在迷茫中的一种探索,法拉第对电磁感应现象的发现并不容易,他做的是一种全新的开创性工作.

普罗米修斯把火种带到了人间仅仅是一个美丽的传说,法拉第却真实地为人类打开了电能的大门,开创了电的时代.从此,开始了又一次工业革命,对整个人类社会产生了极其深远的影响.*

2.2 磁场变化产生电场　电场变化产生磁场

这是麦克斯韦(J. C. Maxwell)电磁场理论的要点,关于它的建立,需要从法拉第电磁感应现象的研究谈起.

(1) 电磁感应现象的两种表述

对于法拉第电磁感应现象,为了应用上的方便,常有两种说法,即切割法和磁通变化法.它们所对应的判断感应电流的方向和计算感应电动势的公式,列于表2.1中.

表 2.1

比较项目	切割法	磁通变化法
产生电磁感应现象的条件	闭合电路的一部分导体做切割磁感线的运动	通过闭合电路的磁通量发生变化
判断感应电流方向的方法	右手法则	楞次定律
感应电动势的计算	$\varepsilon = Blv\sin\alpha$($\alpha$ 为 v、B 间的夹角)	$\varepsilon = n\dfrac{\Delta\varphi}{\Delta t}$

---

* 电磁感应现象发现后,紧接着于1833～1834年间,亨利发明了第一台可供实用的电动机.1844年美国的莫尔斯在亨利的帮助下实现了有线电报传递信息实用线路.1860年德国西门子公司设计制成第一台高效率发电机.1876年美籍苏格兰发明家贝尔发明有线电话.1879年美国的爱迪生设计制造成功第一只白炽灯.1888年美国成功地建立了一套交流发电系统……至19世纪末,人类已正式跨入了电气时代.

(2) 产生电磁感应现象的原因

为什么会产生电磁感应现象呢？针对电磁感应的两种表述，其产生原因也有两种对应的解释.

切割运动

导体与磁场因相对运动（做切割运动）而产生的电磁感应现象，可以用洛伦兹力解释：

如图 2.6(a)所示，一段长 l 的直导线 ab 在磁感应强度为 B 的匀强磁场中，以垂直磁场的速度 v 匀速右移. 由于导线中的每个自由电子同时都叠加了这样一个宏观的运动速度，会受到一个方向向下的洛伦兹力作用，使自由电子向导线的下端 b 聚积. 下端因多余自由电子带负电，上端因缺少自由电子带正电，同时在导体内建立一个方向从正电荷指向负电荷的静电场 E'（图 2.6(b)）.

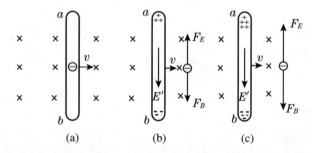

图 2.6 导体做切割磁感线运动时产生感应电动势的机理

这个静电场对自由电荷的作用力 F_E 指向 a 端，将阻碍自由电子的迁移.

当导体棒两端积累的电荷不多时，静电场 E' 较弱，洛伦兹力 F_B 大于静电场作用力 F_E，自由电子继续下移，两端积累的电荷增加，电势差增大，场强增大. 当内电场增强到对自由电子的作用力和洛伦兹力相等时，达到动态平衡状态，两端建立起稳定的电势差

(图 2.6(c)). 设电子的电量为 e，由

$$Ee = \frac{U}{l}e = evB$$

得两端电势差的大小

$$U = Blv$$

它就等于棒中产生的感应电动势，即

$$\varepsilon = U = Blv$$

所以这根导体棒就起了电源的作用，当它两端与外电路接通时，就能向外电路供电.

如果导线的运动速度 v 与磁感应强度 B 之间形成夹角 α，同理可知

$$\varepsilon = Blv\sin\alpha$$

所以，当导体在磁场里做切割磁感线运动时，洛伦兹力起着搬运电荷的"非静电力"作用. 在能量转化的意义上，外界使导体移动消耗机械能，通过洛伦兹力做功，转化为电能.

磁通变化

如果导体与磁场之间没有相对运动，产生电磁感应现象就无法用洛伦兹力的作用进行解释. 麦克斯韦认为，闭合电路内磁通变化就表示闭合电路内磁场发生了变化，磁场变化时会感应出一个电场（称为感应电场）. 闭合电路内的自由电子在感应电场的作用下，产生定向移动才形成了感应电流，如图 2.7 所示.

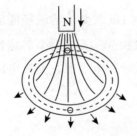
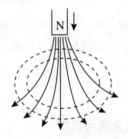

图 2.7 闭合电路中发生磁通量变化时产生感应电流的机理

这个感应电场与静电场的根本区别是:感应电场的电场线是闭合曲线,无头无尾(又称涡旋场).

根据法拉第电磁感应定律,感应电动势的大小仅与磁通的变化率有关,与闭合电路的组成无关.对于图2.7中的线圈,无论它的电阻多大,由什么材料组成,围绕这个线圈的感应电动势的大小都相同,即都为

$$\varepsilon = n\frac{\Delta\varphi}{\Delta t}$$

因此,如果我们丢开这个具体的线圈,那么当磁棒以同样情况下落时,在空间同样大小的一个区域内也会产生同样大小的感应电场,如图2.8所示.

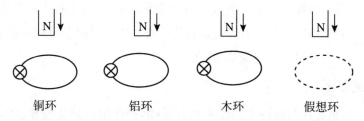

图2.8 磁棒以同样情况通过同样大小的铜环、铝环、木环和假想环,产生同样的感应电动势(但感应电流不同)

(3) 麦克斯韦的对称性发挥

麦克斯韦用感应电场解释了导体与磁场无相对运动时产生电磁感应的原因后,便做了进一步的思考:既然变化的磁场能感应出电场,那么变化的电场会不会感应出磁场呢?麦克斯韦的这种想法完全符合事物的对称性规律,于是他从分析电容器在交流电路中的作用着手做了回答.

电容器的充电与放电

我们知道,电容器具有"隔断直流、通交流"的特性.如图2.9所

示,在电容器和小灯的串联电路中,接入直流电源时,小灯不亮,表示电路中无电流;接入交流电源时,小灯就发光,表示电路中有电流.

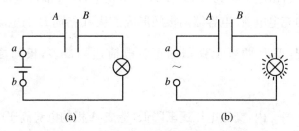

图 2.9　在直流和交流电路中的电容器

那么,电容器接入交流电路中时,是不是电路中的自由电子能越过电容器两板间的介质,从一板跃到另一板呢?显然,电子的这种宏观飞越是不可能的,而是由于电容器不断地充、放电,能造成像电子飞越电容器同样的效果. 现以只有电容器的纯电容电路为例.

设输入交流电压如图 2.10 中 u-t 图线所示,正半周时,a 端电势高. 在交流电变化一周中,电容器的充、放电和电路中的电流变化如下:

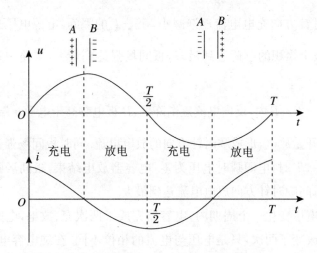

图 2.10　交流电对电容器的充、放电作用

在 $0\sim\dfrac{T}{4}$ 内,交流电压逐渐增大,在电源电场力作用下,把电容器 A 板上的自由电子送到 B 板,使 A 板带正电,B 板带负电,形成顺时针方向的充电电流.电容器两板间形成了从 A 指向 B 的电场.至 $t=\dfrac{T}{4}$ 的瞬间,A、B 两板上聚积的正负电荷达到最多,板间场强达到最大.

在 $\dfrac{T}{4}\sim\dfrac{T}{2}$ 内,交流电压逐渐降低,造成 A 板的电势高于电源 a 端的电势,电容器开始放电,电路中形成逆时针方向的放电电流,同时随着电容器的放电,板上电荷减少,场强减小.至 $\dfrac{T}{2}$ 时,电源瞬时电压为零,电容器的放电结束,板间场强降为零,瞬间逆时针方向放电电流达到最大.

在 $\dfrac{T}{2}\sim\dfrac{3}{4}T$ 内,电压反向增大,给电容器反向充电,即 A 板带负电、B 板带正电,两板间形成从 B 指向 A 的电场.随着电场的逐渐增强,逆时针方向充电电流逐渐减小,至 $\dfrac{3}{4}T$ 的瞬间,电源电压达到最大,两板上聚积的电荷达到最多,板间场强达到最大,电路中瞬时电流为零.

在 $\dfrac{3}{4}T\sim T$ 内,反向电流逐渐降低,B 板电势高于电源 b 端电势,电容器开始放电,形成顺时针方向的放电电流.同时板间场强逐渐减小,至 $t=T$ 时,电源瞬时电压为零,电容器放电结束,板间场强又降为零,瞬间顺时针方向放电电流达到最大.

在电压变化一个周期内,电容器完成了两次充、放电,电路中电流方向改变了两次,只是电压与电流的相位不同.在纯电容电路中,电流相位超前电压相位 $\dfrac{\pi}{2}$,如图 2.10 所示.

2 对称思想在科学认识中的作用

天才的创造——位移电流

正是由于电容器的这种反复的充、放电的结果,才会使电路中形成持续的电流.这就是电容器"通交流"的实质.这本是一个极普通的现象,麦克斯韦联系了从对称性思考出发的命题,使思维跃上了新的高度,做出了天才的创造.

在电容器反复的充、放电过程中,电容器两板间的电场也时刻在变化.为了与导线中的电流保持连续性,麦克斯韦设想了一种虚假的电流——位移电流.这是一种由电场变化引起的电流.于是,在电容器的交流电路中,整个电路里可以认为有两种电流:导线中自由电子定向移动产生的电流,称为传导电流;电容器中由电场变化产生的电流,称为位移电流.这两种电流相"接通",形成电流的环流.

传导电流能激发磁场,早在 1820 年已在奥斯特实验中发现.麦克斯韦给予位移电流同等的待遇,认为位移电流也能产生磁场,也就是说变化的电场也能产生磁场,从而完成了对称性的构思.

(4) 麦克斯韦的电磁场理论

麦克斯韦在这个基础上进一步研究,提出了电磁场理论,其大意可对称地表示为表 2.2.

表 2.2

麦克斯韦电磁场理论	
变化的磁场能产生电场	变化的电场能产生磁场
磁场的变化是均匀的,产生的电场是稳定的	电场的变化是均匀的,产生的磁场是稳定的
磁场的变化是不均匀的,产生的电场是变化的	电场的变化是不均匀的,产生的磁场是变化的

在电磁场理论中,麦克斯韦用一组十分简洁的方程统一了电和磁的基本特性.这一组方程把电场、磁场之间的关系对应得非常优

美、和谐,充分显示了内在的对称性,令人赞叹不已. 有人称誉为"出自上帝之手的方程". *

麦克斯韦说:"我提出的理论可以称为电磁场理论,因为这种理论必须处理电或磁体周围空间的问题;它可以称为动力学理论,因为它假设在那个空间存在着运动的物质,我们所观察到的电磁现象就是在这种物质中产生的."

根据这个理论我们知道,变化的电场与变化的磁场互相感应,紧密地交织在一起,组成一个不可分离的统一体——电磁场. 它从发生的地方向空间各处传播,就能够形成电磁波(图2.11). 犹如在池塘里投进一个小石块,水中产生一个扰动,并以波的形式向四周传出去一样.

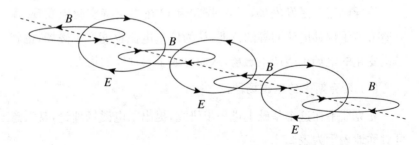

图2.11 电场与磁场交织在一起

麦克斯韦从自己的方程组推算出电磁波的传播速度恰好等于光速. 他认为这并不是一个巧合,他写道:"这一速度与光速如此接近,看来我们有充分理由断定,光本身(如果有的话,以及热辐射和其他形式的辐射)是以波动形式在电磁场中按电磁波规律传播的一种电磁振动."后来,进一步通过对光和电磁波的特性的仔细比较后,终于

---

* 实际上,麦克斯韦的原始方程组并不简洁. 后来归纳为四个高度对称和极为简洁的方程组,是英国的"天才狂人"亥维赛(O. Heevisick,1850~1925)根据对称和简洁两条原理简并而成的.

使人们确认光也是一种电磁波,从而实现了物理学史上的第三次大统一.

爱因斯坦(A. Einstein)对麦克斯韦的理论做了高度的评价:"这个理论从超距作用过渡到以场作为基本变量,以致成为一个革命性的理论."*20 世纪初爱因斯坦的相对论就是在这个革命性的理论基础上发展起来的. 麦克斯韦也由于他对电磁学发展的重大贡献,在当时被公认为是"自牛顿以后世界上最伟大的数学家、物理学家". 量子论的创立者、德国著名物理学家普朗克(M. Planck)盛赞麦克斯韦:"他的名字永远镌刻在经典物理学的门扉上,永放光芒,从出生地来说他属于爱丁堡,从个性来说他属于剑桥大学,从功绩来说他属于全世界."

2.3 实物粒子与物质波

对光和物质结构认识的思考

人们对光本性的研究经历了漫长的过程. 如果不算早期牛顿的微粒说,那么对于光本性的认识,人们是首先认识它的波动性. 从托马斯•杨通过双缝干涉实验所猜想的某种机械波到麦克斯韦提出的电磁波,普遍认为光就是一种波长很短的电磁波. 然后,从赫兹(H. R. Herte)发现光电效应现象到爱因斯坦提出光子说,又认识了光的粒子性. 最后,才形成对光本性的全面的认识——光是一种具有波粒二象性的物质,既有波动性,又有粒子性. 大量光子行为容易显示出波动性;少数光子行为容易显示出粒子性. 光子的能量和动量分别为

$$E = h\nu$$

---

* 人们早期对电磁波和光的传播特性不清楚时,认为电磁波和光的传播是不需要时间的,可超越任何距离——超距作用.

$$p = \frac{h\nu}{c} = \frac{h\nu}{\lambda\nu} = \frac{h}{\lambda}$$

式中 ν 是光的频率，λ 是光的波长，它们都显示了波的特征.

另一方面，在对物质结构的研究上，人们长期认识的都是它的粒子性. 古代原子论者已有了粒子性的萌芽，以后从分子运动论到原子核式结构以及核的组成等，都认为整个自然界是由许多种实在的粒子组成的.

既然光有波动性，也有粒子性，那么具有粒子性的实物粒子（原子、电子、质子等）是否也具有波动性呢？

物质波横空出世

1923～1924 年间，年轻的法国巴黎大学的研究生德布罗意(L. de. Broglie)正是从这种完全符合对称性的思考上反复提出这一问题的. 德布罗意说："整个世纪以来，在光学上比起波动的研究方法来，是过于忽略了粒子的研究方法，在物质理论上，是否发生了相反的错误呢？是不是我们把关于'粒子'的图像想得太多，而过分地忽视了波的图像？"德布罗意认为，原子、电子等实物粒子在一定条件下也应显示出波动性. 他通过对原子、电子等实物粒子的性质和光的性质之间的深刻研究后，于 1924 年在博士论文答辩中提出了一个大胆的假设："'一般的'物质也具有波粒二象性."

他假设每一个运动的粒子都有一个波与之对应，这个粒子的能量 E 和动量 P 与它所对应的波的频率 ν 和波长 λ 之间，也像光子一样遵从下面的关系：

$$E = h\nu, \quad p = \frac{h}{\lambda}$$

这个关系式通常称为德布罗意公式（或称爱因斯坦-德布罗意公式）. 与某种实物粒子所对应的波就称为物质波或德布罗意波.

德布罗意关于物质波的假设，从经典物理学的观点来看是无法理解的. 当时,考试委员会主席询问他"怎样才能观察到你所推想的这种微观粒子的波"? 德布罗意建议用电子在晶体上做衍射实验. 但是,在当时缺乏实验验证的情况下,并没有引起人们的注意. 德布罗意感慨地意识到,他的这些思想,很可能被看作是"没有科学特征的狂想曲". 不过,当德布罗意的导师、法国著名物理学家朗之万(P. Langevin)把德布罗意的论文寄给爱因斯坦时,爱因斯坦慧眼独具,大加赞赏,称赞道:"瞧瞧吧,看来疯狂,可真是站得住脚呢",并认为德布罗意已揭开了"自然界巨大面罩的一角". 爱因斯坦还进一步指出:"看来粒子的每一运动都伴随着一个波场……这个波场(它的物理性质目前还不清楚)原则上应该能观察到."

物质波的实验验证

当代著名物理学家丁肇中曾经这样说过,自然科学是实验的科学,再好的理论,也需要实验来证明. 德布罗意关于物质波的假设,尽管显得非常对称、完美,但如果没有实验支持的话,真称得上是一首狂想曲了. 可喜的是,很快就传来了佳音.

三年以后的 1927 年,美国物理学家戴维森(G. J. Davisson)和英国著名物理学家 J·J·汤姆孙的儿子 G·P·汤姆孙(G. P. Thomson)几乎同时发表了证实电子波动性的实验结果.

戴维森和他的助手革末(Germer)的实验装置如图 2.12 所示. 他们将从电子枪发射的电子束垂直投射到晶体表面,电子遇到表面上规则排列的原子后将向不同方向散射. 如果电子确实如德布罗意所假设的那样具有波动性,图 2.13 中晶体表面上的原子 A、B、C…都处于同一入射波的波前上,于是到达这些原子的波便具有相同的波程. 然而对于同一方位角 θ 的散射波来说,从不同原子上散射出来的波的波程不同.

设晶体表面上原子间距为 a(称为晶格常数),则图 2.13 中 A、B 两原子上向 θ 角方向散射波的波程差为

$$\Delta l = AO = a\sin\theta$$

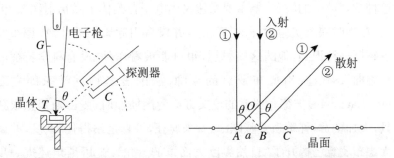

图 2.12 戴维森和革末的实验　　图 2.13 电子在晶体表面的散射

所以,如果对于某一个角 θ,波程差等于相应波的波长 λ 的整数倍(或半波长 $\frac{\lambda}{2}$ 的偶数倍),则两波叠加后振动加强.而在另外一些方向上,波程差等于半波长 $\frac{\lambda}{2}$ 的奇数倍,则两波叠加后振动减弱.

戴维森根据从实验中测得的衍射强度分布曲线,证实了电子确有波动性,而且,其波长满足德布罗意公式

$$\lambda = \frac{h}{p}$$

同年,G·P·汤姆孙用多晶薄膜做实验,也得到了十分漂亮的衍射图样(图 2.14).

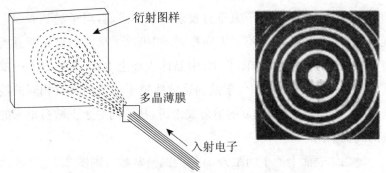

图 2.14 电子在多晶薄膜上的衍射及其图样

德布罗意的物质波假设终于得到了确认,从而使人们对物质波结构有了更深层次的认识,开创了一门研究具有二象性的微观粒子运动的新理论.德布罗意因这一从对称性思考引发的大胆假设荣获1929年度诺贝尔物理学奖.戴维森和G·P·汤姆孙也因证实了电子的波动性而共同获得1937年度诺贝尔物理学奖.人们说:老子汤姆孙因证实电子是粒子而获诺贝尔奖,儿子汤姆孙因证实电子的波动性而获诺贝尔奖.这真是物理学史上的一件趣事.

对物质波的理解

从科学上说,物质波已经被实验事实完全证实了.不过,人们在认识上依然会有许多疑问.例如:

微观粒子所表现出来的波动性,究竟应该怎样来理解呢?1927年德国物理学家玻恩提出"几率假设",认为微观粒子的运动是随机的,物质波是一种几率波.电子的衍射图样告诉我们,粒子的波动性并不是指粒子真的像电磁波那样弥散到整个空间,而只是反映了粒子出现位置的几率.

理论研究中,每个微观粒子的运动都对应着一个波,可以用一个波函数描述粒子的运动*.这个物质波振幅的平方,就是该粒子在空间某一位置上出现的概率.也就是说,微观粒子和光子一样,在空间分布的几率是受波动规律支配的.同样道理,原来传统说法中原子核外电子的轨道,实际上也只是电子出现位置的一种几率分布——在"轨道"处电子出现的几率大,在其他区域电子出现的几率小.可见,微观粒子的几率性行为与牛顿力学中质点运动的决定性行为是完全不同的.

---

* 德布罗意当时并未想到用波函数去表示其物质波.薛定谔的老师德拜说"有了波,就应当有一个波动方程".薛定谔受此启发,不久就提出了一个波动方程,后来被称为薛定谔方程.这样就可以用波动方程更确切地描述微观粒子的行为了.

1960年,约恩孙将当年的杨氏双缝实验加以改造,设计了一个非常精彩的电子双缝干涉实验(图2.15),从屏上得到了类似于杨氏双缝干涉图样的照片(图2.16)*.

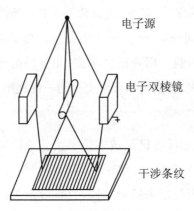

图2.15　电子双缝干涉实验

  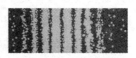

(a) 28个光子　　　(b) 1 000个光子　　　(c) 10 000个光子

图2.16　不同数量的光子通过双缝所呈现的图样

在图2.16中可以看到,少数光子表现为粒子性,它到达屏上的位置是随机的;随着到达屏上的光子数越来越多,波动性就表现得非常明显了.可见,几率波的特性充分地显示出来了.

因此,对微观粒子的波动性不能做传统意义上的"是"或"不是"这样的理解.据说,有一个记者曾经去向英国著名物理学家、诺贝尔奖得主布拉格请教:光究竟是波还是粒子?布拉格幽默地回答:星期一、三、五它是一个波,星期二、四、六它是一个粒子,星期天物理学家休息.

---

*　这个实验2002年在物理学家评选有史以来十大最美丽的物理实验中,排名第一.

2 对称思想在科学认识中的作用

也有人会进一步地问:既然一切微观粒子(包括原子、分子等复杂系统)都具有波粒二象性,那么由这些微观粒子组成的宏观物体是否也具有波粒二象性呢?也就是说,宏观物体是否具有波动性?回答也是肯定的.但必须指出:具有波动性和波动性的表现能否被观察到是两回事.

根据德布罗意公式,很容易算出某个宏观运动物体的波长.例如,一个质量 $m=1$ kg 的小球,以速度 $v=10$ m/s 运动时,物质波的波长为

$$\lambda = \frac{h}{p} = \frac{h}{mv} = \frac{6.026 \times 10^{-34}}{1 \times 10} \text{ m} = 6.026 \times 10^{-35} \text{ m}$$

这样一个质量很小、速度很低的小球,其德布罗意波长尚且如此之短,其他宏观物体的物质波长就更是微乎其微了,因此其波动性很难表现出来,也是极难被观察到的.读者自然也不用担心:手中捧个大西瓜时,它绝不会变成波跑掉的!同理,如图 2.17 所示,"崂山道士穿墙而过",仅是一种幻想,美国的大卫穿越长城仅是魔术,绝非变成波的缘故.

图 2.17 "崂山道士穿墙而过"

2.4 电子与正电子

狄拉克的惊人预言

自从 1900 年 12 月 4 日量子论诞生以后,量子力学得到迅速的

发展，取得了令人满意的成就. 然而它也存在着一个严重的困难，就是如何使它适合相对论. 因为当微观粒子的速度可与光速相比拟时，必须考虑其相对论效应.

1928年，一个年仅26岁的英国青年狄拉克(P. A. M. Dirac)，从相对论和量子力学的一般原理出发，将相对论移植到量子力学中去使它能适用于高速运动的情况，建立了一个"相对论性"的电子运动方程（现称为狄拉克方程）. 利用这个方程讨论氢原子的能量分布以及高速运动电子的许多性质，都与实验结果符合得很好. 根据狄拉克方程，人们还导出了高速运动的电子许多异常的性质. 例如，电子在原子中不仅绕原子核旋转，还会像陀螺一样绕自身的轴旋转，并有相应的呈现量子特性的磁矩.

但是，狄拉克方程也有一个严重的困难，从这个方程可以得出两个解，一个解对应的是普通的电子，它的能量是正的；另一个解对应的粒子的能量都是负的，并且，正负能量状态的分布是完全对称的. 那么，这个负能态表示什么意义呢？当时的许多物理学家都觉得不可思议，这个问题一度成为"现代物理学最令人悲哀的一章".

我们从物理原理知道，物体的能量状态越低就越稳定. 例如，人直立时比坐着时能量大，坐着时又比平躺在地上时能量大，因此，人直立时不如坐着稳定；坐着时不如躺在地上稳定. 一个原子系统处于基态时的能量最小，就是一个最稳定的状态，因此通常情况下的原子系统都处于基态.

如果电子可以有负能量，那么，所有正能量的电子必定都会放出光子跳到负能量状态中去. 这样一来，宏观物体中的电子都要像跳下万丈深渊一样，一点一滴地把能量完全释放出去，这样我们的物质世界就不稳定了. 这显然是跟客观事实完全相违背的！

为了对这个负能量解的物理意义做出合理的说明，狄拉克花了一年多的时间潜心思索. 他根据奥地利物理学家泡利在量子力学研

2 对称思想在科学认识中的作用

究中提出的"不相容原理",即两个电子不可能处于完全相同的状态,从对称性出发,以非凡的科学创见,做出了一个大胆的预言:自然界中一定还存在着一种质量与电子完全相同,电量也相等,但符号相反的粒子——这个粒子后来被称为"正电子".狄拉克初露头角,非同凡响.正电子的预言立即引起世界物理学界的注意.

可喜的是狄拉克的这个预言在 1932 年被美国物理学家安德森(C. D. Anderson)借助云室,在宇宙射线中首先得到了证实.

什么是云室

什么是云室呢?其实它的原理很简单.冬天,戴眼镜的同学从温度很低的室外走进暖烘烘的教室,眼镜片上常会蒙上一层薄雾.这是由于室内的水汽碰到温度较低的镜片,便处于过饱和状态凝结在镜片上造成的.因此戴眼镜的同学常要先揩一下镜片才能看清室内物体.云室正是利用过饱和水汽凝结在物体上的原理制成的.它是英国物理学家威耳逊(G. T. R. Wilson)在 1911 年发明的一种巧妙的仪器(后被称为威耳逊云室),其装置如图 2.18 所示.

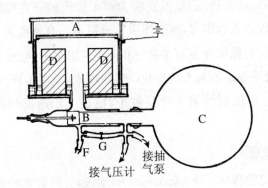

图 2.18 威耳逊云室

A 是一个充满水汽的容器,当突然抽气使 C 中压强降低时,A 的下底会迅速下移,在极短时间内就使云室容积膨胀.A 中水汽由于突然膨胀,温度会立即降低,使云室内酒精的饱和汽(或水的饱和汽)处于过饱和状态. 如果这时有一个带电粒子通过云室, 它就会在自己的运动轨迹上不断地与气体分子碰撞, 使其电离成为正负离子. 云室内的过饱和汽便以这些离子为凝结中心凝结起来. 于是, 沿着这个粒子的途径, 会出现一条由这些雾珠连成的线. 如果粒子的电量越多, 它的电离本领越强, 凝结的雾珠越多, 在云室中显示的径迹就越粗. 粒子的质量不同, 单位长度上的雾珠个数也不同 (图 2.19).

图 2.19 放射性元素发出的射线通过云室的不同表现

(α粒子的径迹直而粗——质量大, 不易改变运动状态; 电量多, 电离本领强, 凝结的雾珠多. β粒子的径迹曲而细——质量小, 容易改变运动状态; 电量少, 电离本领弱, 凝结的雾珠少. γ粒子几乎没有明显的径迹.)

在威耳逊云室发明前, 人们只能依靠计数管对粒子计数*, 无法反映粒子的运动轨迹. 云室的发明为粒子物理的研究提供了有力的手段. 俗话说, "人过留迹, 雁过留声", 云室可以真实地留下粒子的径迹, 可以给我们提供许多有关粒子的信息 (如质量、电量等), 从而帮助人们记录下原来不为人所知的许多新现象, 发现了许多新粒子. 正电子就是云室摄到的第一个新粒子, 也是人们所发现的第一个反粒子.

安德森的发现

当时, 安德森 (C. D. Anderson) 正跟随美国著名物理学家密立

---

* 计数管是一种探测射线的装置. 当射线通过计数管的充气管时, 引起气体电离, 离子在电场作用下向管的两极移动, 产生一个电信号. 根据电信号出现的次数, 可以记录有多少粒子通过计数管.

根一起从事宇宙射线的研究工作,并负责用云室观测宇宙射线*.

1932年8月初的一天,安德森像往常一样让宇宙线通过云室中的匀强磁场,每隔15 s对云室拍一次照,然后仔细地分析云室照片.通过对几千张云室照片的观察分析,安德森发现其中有一种径迹是陌生的.这条径迹和电子具有相反的方向,显示这是某种带正电的粒子(图2.20).

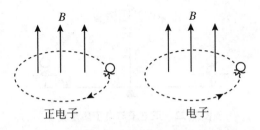

图2.20 正电子与电子在磁场中旋转方向相反

那么,这种带正电的粒子会不会是质子呢?为了进行鉴别,安德森在云室里放了一块厚度为 6×10^{-3} m 的铅板,粒子穿过铅板时由于需要克服铅板的阻力做功,它的动能会变小,因而粒子的运动速度也会变小.根据带电粒子在磁场中做圆周运动的规律

$$qvB = m\frac{v^2}{R} \Rightarrow R = \frac{mv}{qB}$$

当粒子的速度减小后,粒子在磁场中做圆运动的半径会变小,粒子穿过铅板后的轨迹会显得更弯曲一些(图2.21).

图2.21 穿过铅板前后的弯曲半径不同

---

* 宇宙线是来自外层空间的射线,是德国物理学家海斯在1911~1912年研究地球上和大气中的放射性时发现的.开始时,人们称它为"海斯辐射",后来被多年致力于宇宙线研究的美国物理学家密立根命名为"宇宙线".

安德森把它跟质子在同样磁场中的运动轨迹相比较,发现两者完全不一致,从而排除了它是质子轨迹的可能.

后来,安德森在文章中写道:"1932 年 8 月 2 日,对在垂直方向上的威耳逊云室中的宇宙线照相时,发现了一些径迹."我们觉得,这些径迹只能用存在着某种粒子来解释.这些粒子具有正电荷,它的质量相当于自由的负电子通常具有的质量(图 2.22).

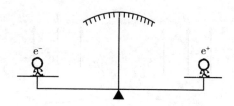

图 2.22　正电子与电子质量相等

据说,安德森当时并不知道狄拉克的预言. 后来,当安德森知道了狄拉克的预言后,便断定这正是人们期待的那种带正电的电子,他把这种粒子命名为"正电子".

其实,在安德森之前,法国物理学家约里奥-居里夫妇(J. F. Joliot-I. Curie)在研究钋轰击铍的核反应中,就曾在云室中看到了正电子的径迹. 不过,当时他们只是把它理解为一个反向运动的电子而已,没有深入探究,以致遗憾地失去了一个重大发现的机会.

科学研究中,往往会在反常现象中蕴含着可贵的机遇. 如果说安德森比约里奥-居里夫妇幸运的话,那是由于他能够对陌生的云室照片追踪研究,才能得到发现正电子的殊荣,获得 1936 年度诺贝尔物理学奖.

正电子的发现引起了人们极大的兴趣,他们纷纷展开研究. 很快查明,正电子不仅存在于宇宙线中,也出现在一些核反应中. 后来通过许多实验发现,利用能量高于 $1\ \text{MeV}(1\ \text{MeV}=10^6\ \text{eV}=10^6\times 1.6\times 10^{-19}\ \text{J})$的 γ 射线对一些薄金属箔、气态介质等进行辐射时,都有可能观察到正电子,而且正电子总是与电子成对地产生. 从此,正电

2 对称思想在科学认识中的作用

子开始大踏步地跨入人类文明进程的行列.

重大的意义

狄拉克的理论还预言了电子和正电子可以成对地由光子从真空中产生出来(图 2.23);反之,如果一个电子和一个正电子相撞,它们便同时湮灭,全部转化为光子辐射出去(图 2.24),反应式是

$$e^+ + e^- \longrightarrow 2\gamma \quad (光子)$$

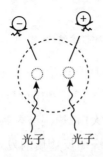
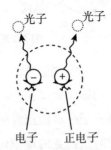

图 2.23　正负电子由光子成对产生　　图 2.24　正负电子成对湮灭

应该指出,从实验中最早发现正负电子产生和湮灭的是中国著名物理学家赵忠尧. 1927 年,赵忠尧在美国加州理工学院研究部和安德森一起当密立根的研究生. 1929 年他在博士论文课题实验中,用放射性元素钍衰变的中间产物 ThC(钍 208)作辐射源,测量它所辐射的能量为 2.6 MeV 的硬 γ 射线在不同物质中的吸收系数时,发现测得的数值出现反常现象. 这是硬 γ 射线通过重元素物质时产生了正负电子对的最早实验证据. 后来他又做了第二个实验并写了第二篇论文公开发表.

1979 年,因发现 J 粒子荣获诺贝尔奖的美籍华裔学者丁肇中在西德同步辐射中心"佩特拉"加速器落成典礼时,向许多国家的上百位科学家介绍赵忠尧时说:"这位是正负电子产生和湮灭的最早发现者,没有他的发现,就没有现在的正负电子对撞机."

对撞机(图 2.25)是现代研究物质结构最强大的工具. 1988 年 10

月16日,由我国科学院高能物理研究所自行设计建造的首座对撞机,成功地实现了正、负电子的对撞,标志着我国对物质结构的研究上升到了新的台阶.

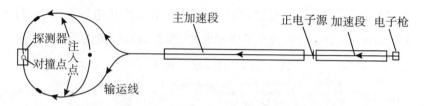

图 2.25　正负电子对撞机的基本结构

狄拉克的理论是20世纪最杰出的物理学理论之一. 正电子是人们发现的第一个反粒子. 它的发现丰富了人们对物质世界的认识,也仿佛打开了一直禁锢着的反物质世界的大门. 德国著名物理学家海森堡曾对狄拉克的理论做出高度评价:"……反物质的发现,恐怕是本世纪物理学中所有巨大跃进中的最大跃进. 这是一个无比重要的发现,因为它把我们关于物质的整个图景改变了."狄拉克以其辉煌的成就和量子力学的创立者之一的薛定谔共享了1933年的诺贝尔物理学奖.

1955年10月,一个美国科学家小组在赛格雷和欧文·张伯伦的领导下,在62亿电子伏的加速器中,终于找到了反质子. 1956年,又发现了反中子. 随后,一系列的反粒子被相继发现. 1978年有报道称,在银河系中心区域观测到有大量正电子存在的证据,预示着银河系很可能存在着反物质. 1995年,欧洲核子中心使正电子和反质子相结合,竟然合成了反氢原子. 人类对反物质的研究,正日益向纵深发展.

从狄拉克开始,自然界的这个对称性——任何粒子都存在反粒子,终于被科学家所认识,并逐渐地掌握.

正电子与物质中的电子发生湮灭反应,也许会使人发愁,这么一来地球上的物质岂不都要被湮灭了吗？请不用担心，因为地球上只有来自外层空间的极少数正电子，所以地球上的物质也就不会被湮灭掉了——你依然可以安心地吃着面包、鸡蛋，开始每一天美好的生活．

2.5 电荷与磁单极子

当人们对狄拉克提出的正电子预言还处于迷茫中时，想不到在1931年他又提出一个预言：自然界中存在着磁单极子．

狄拉克是一个很腼腆的人，平时不善言辞，如今在短短的3年时间内连续提出两个惊世骇俗的预言，真是"不鸣则已，一鸣惊人"！

那么，何谓磁单极子？从哪里去寻找它呢？寻找它又有何重要的意义呢？……有关这一系列的问题，让我们通过对电与磁性质对称性的考察，逐步揭开它的谜底．

电与磁性质的对称性

电现象与磁现象都有着悠久的历史，但直到1820年丹麦物理学家奥斯特发现了电流的磁效应后，人们才开始认识到它们之间亲密的联系．后来，经过安培、法拉第和麦克斯韦等许多物理学家的深入研究，两者之间性质上的这种对称关系（或者称为对应性）就更为清晰了．

例如：电荷周围有电场，磁体周围有磁场；两个电荷之间的相互作用是同种电荷相互排斥、异种电荷相互吸引，两个磁极间的相互作用是同名磁极相互排斥、异名磁极相互吸引；电场变化会产生磁场，磁场变化会产生电场；电场会使某些材料产生形变（电致伸缩），磁场也会使某些材料（磁性材料）产生形变*……

---

* 场致伸缩是电场中的电介质极化引起的材料尺寸变化的现象；磁致伸缩是铁磁物质（磁性材料）由于磁化状态的改变引起其尺寸发生变化的现象．

不过,有一个现象却使人们百思不得其解——自然界中存在着独立的正电荷或负电荷,却没有发现独立的磁南极或磁北极.我们将一个条形磁体不断地从中间分割成两部分,它的每一部分依然都保留着N极和S极,两者总是成对地出现.如果把只有N极和S极的部分(粒子)称为"磁荷"的话,上述事实就表示不存在与电荷对称的"磁荷".

这个现象后来被麦克斯韦总结到了电磁场理论中——麦克斯韦电磁场理论明确指出,静电场是有源的,单位电荷为场源,因此电场线"有头有尾";磁场是无源的,不存在产生磁场的"磁荷",因此磁感线是封闭的曲线.

大家知道,麦克斯韦理论是经典电磁学的基础,其地位相当于经典力学中的牛顿运动定律.麦克斯韦的理论可以称为电磁现象的法典,因此俨然是对独立存在磁南极或磁北极的彻底否决.

电与磁本来存在着很好的对称性,那么是否真的在"电荷-磁极"的关系上形成缺口呢?

又一个惊人预言

正当人们普遍地接受了这个严酷的事实,显得无可奈何或心安理得时,却又被狄拉克打破了平静——自然界中存在着只带有N极或S极的粒子.

狄拉克的这个预言,可以说完全是从电与磁的对称性出发的.他认为既然带有基本电荷的电子能够独立存在,那么也应该存在带基本"磁荷"(即单独的N极或S极)的粒子,这样才能使得电与磁的对称性得到保证.狄拉克从分析量子系统波函数相位的不确定性出发,得出了磁单极子存在的条件,还算出了磁单极子具有的"磁荷"与电子电量(e)的关系.根据磁单极子的存在条件,这样就可以说明长期以来科学上无法解释的电荷量子化的事实.

狄拉克的预言震惊了科学界,引起了人们浓厚的兴趣,也得到了许多著名物理学家的支持*.著名的美籍意大利物理学家费米从理论上探讨了磁单极子,认为它的存在是可能的.美籍华人物理学家杨振宁等一些著名物理学家从不同方面对磁单极子理论做出了补充和完善,弥补了狄拉克理论中的一些缺陷和不足,为磁单极子设想铺设了更坚实的基础.1994年,两位美国物理学家内森·塞伯格(Nathan Seiberg)和爱德华·威滕(Edward Witten)又从理论上证明了磁单极子存在的可能性.更值得注意的是,狄拉克关于存在磁单极子的预言,恰好也满足了从20世纪70年代后建立起来的大统一理论中对早期宇宙的要求.

磁单极子的探索之路

让人们记忆犹新的是狄拉克的正电子预言,后来被实验证实,他的预言为人类打开了通往反物质世界的大门.那么,如今磁单极子的预言是否又会给人类打开一扇通往神秘世界的大门呢?

因此,磁单极子的预言激起了世界科学界浓厚的兴趣,掀起了一场寻找磁单极子的热潮.归纳起来,主要的探测方向如下:

① 检测古老的地球岩石.

由于磁与铁有着密切联系,因此科学家首先把检测的方向指向古老的地球铁矿石,希望从这些物体中发现隐藏着的磁单极子"小精灵".

② 进行高能加速器实验.

高能加速器是发现新粒子的有力武器.科学家利用高能加速器加速质子等核子去冲击原子核,希望能够使理论上紧密结合的磁单极子分离.美国布鲁克海文实验室利用同步回旋加速器,使高达 3×10^{10} eV 的质子与轻原子核碰撞,并已经进行过多次实验.为进一

---

* 必须指出,对磁单极子持怀疑和否定态度的,在科学界也大有人在,这是提出任何一个科学假设必然会遇到的正常现象.

步提高粒子的能量,还在试图研制出功能更加强大的加速器.

③ 设计高灵敏度的仪器进行实验.

科学家曾在地面实验室中利用高灵敏度仪器,多次对磁单极子进行探测.例如,有一种探测仪器的原理如图 2.26(a)所示,用超导体制作一个线圈并与测量仪器相连(图中未画出).假设有一个 N 极的磁单极子穿过线圈,由于它激发的磁感线都是从自身辐射状向外的,因此在穿过超导线圈的过程中,根据法拉第电磁感应定律可知,线圈中产生的感应电流方向不变.这个情况与一根条形磁棒穿过线圈时感应电流方向会发生变化(图 2.26(b)),两者明显不同,据此就可以做出判断.

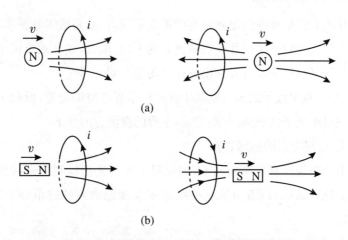

图 2.26　磁单极子与磁棒通过线圈的情况不同

④ 探测宇宙射线.

宇宙射线曾经对科学发现有过重大贡献,科学家猜测其中也可能含有磁单极子.并且,宇宙射线本身具有很大的能量,它与高空大气的原子、离子、分子等碰撞可能会产生磁单极子.由于磁单极粒子对周围物质有很强的吸引力,科学家设计了一套高效能的装置,希望依靠这套装置来吸附宇宙线中的磁单极粒子或者显示出它们的行踪.

⑤ 检测月球和其他天体岩石.

月球上既没有大气,磁场又极微弱,科学家认为应该是磁单极子藏身的一个理想场所. 1973 年,科学家使用极灵敏的仪器,对"阿波罗"11 号、12 号和 14 号飞船运回的月岩进行了检测.

自从 1931 年狄拉克提出磁单极子的预言后,科学家们采用各种各样的方法,"上天入地"进行搜索. 一次次地宣告失败,一次次地继续努力. 遗憾的是,截至 2014 年末,种种检测和实验仍然没有发现以基本粒子形式存在的磁单极子.

不过,在这些年的探索中,也曾经依稀闪现过几丝曙光. 例如:

1975 年,美国加利福尼亚大学的普赖斯等人利用高空气球,将感光底板送到空气极其稀薄的高空,经过几昼夜宇宙射线的照射,发现感光底板上出现了一条又粗又黑的痕迹. 当时研究小组的科学家欣喜若狂,在随后召开的一次国际会议上,迫不及待地声称已经找到了磁单极子. 但是,这个结论受到许多与会者的质疑,认为这是重离子留下的痕迹,并非磁单极子. 双方曾展开激烈的争论,但最终仍然只能作为一个"悬案"而无法确定.

1982 年 2 月,在美国斯坦福大学做研究的物理学家凯布雷拉,采用一种称为超导量子干涉式磁强计(SQUID)的仪器,在实验室中进行了长达 151 天的观察记录. 后来他经过仔细分析实验数据,并与磁单极子理论所提出的产生条件相对照,认为曾有磁单极粒子穿过仪器中的超导线圈. 可惜,在以后的重复观察中,再也没有记录到类似的现象. 因此,同样不能作为科学的证据.

2009 年,德国柏林一个材料与能源研究中心的几位科学家,在进行中子散射实验的过程中,声称找到了类似磁单极子的粒子.

近年,一组由中国、瑞士、日本等多国的科学家组成的研究小组宣布,发现了磁单极子存在的间接证据——观察到铁磁晶体物质中产生的反常霍尔效应,而这种现象的发生,只有假设存在磁单极粒子才能解释.

诸如此类的研究结果虽然时有出现,但都显得比较苍白,难以作为严格的科学证据.不过,通过各种方法对磁单极子进行探索的过程中,也对物理学特别是粒子物理的研究技术(如加速器的发展等)产生了很大的促进作用.

磁单极子的意义

如果从1931年狄拉克提出预言算起,80多年来虽然预言没有得到验证,却也并没有被抛弃.许多物理学家依然满怀信心,坚韧不拔地继续着理论探究和实验搜索.这个情况在科学史上是极为罕见的.

那么,磁单极子究竟有多大的魔力,居然能够使这么多绝顶聪明的物理学家如此痴迷,不改初衷呢?原因在于对磁单极子的研究,能够作为微观和宏观研究中许多重大问题的突破口,因此其意义就非同寻常.简单地说,对磁单极子作用的研究可以概括为两个主要方面:

① 物质结构和宇宙演化的研究.

磁单极子不仅涉及物质磁性的来源、电磁现象的对称性等,而且还与微观粒子结构理论和宇宙的演化等有关.

当前,在物质结构的研究上,面临着许多难题.例如同性电荷的稳定性、电荷的量子化、轻子结构、轻子和强子的统一组成、轻子和夸克的对称性等等.如果引入磁单极子,这些难题就都能给予较好的解释.如果磁单极粒子确实存在,现有的电磁理论就要做重大修改.*

磁单极子的理论跟宇宙的早期演化理论密切关联.根据目前普遍认同的大爆炸理论,要求宇宙的早期存在着磁单极子.因此,用实

---

* 例如,麦克斯韦方程组需要进行修改.当然,从修改后的麦克斯韦方程应该可以推出现在的方程,保证磁单极子的存在并不违背麦克斯韦方程组的正确性.

验探测磁单极子,已经成为宇宙演化理论的重要依据.

② 大统一理论的研究.

大家知道,物质间的相互作用本质上说仅有四种形式:引力相互作用、电磁相互作用、强相互作用和弱相互作用.那么,能否将它们统一起来呢? 爱因斯坦在后半生的岁月中,一直探索着"统一"场的工作.虽然在爱因斯坦的时代,还缺乏许多有力的实验证据,这项工作注定是无法完成的,不过,爱因斯坦的思想给予后人无比深刻的启示.更可喜的是,进入 20 世纪 60 年代后,格拉肖、温伯格和萨拉姆等人已经成功地实现了电磁作用与弱-电作用的统一*.

为了进一步实现包括强—弱—电磁三种相互作用的大统一理论,科学家提出了"超弦理论".在这个理论中,需要以磁单极子(而不是电子)作为基础的描述.因此,磁单极子的检测,同样也成为检验大统一理论的重要依据.

虽然到目前为止,磁单极子依然只是一个假说,并没有得到最后的验证,但它仍将是当代物理学中十分引人注目的基本理论研究和实验的重要课题之一,可以说是 21 世纪物理学界的一个重要研究主题.对磁单极子的实验探索,也许要经过好几代人的努力才能圆满地得到解决.

如果读者有兴趣的话,希望今后能够投入到这项惊天动地的事业中去! 也许,当经历了坎坷的攀登之后,"蓦然回首,那人却在灯火阑珊处"!

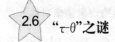 "τ-θ"之谜

在第 1 章中对"τ-θ"之谜已经做了简单介绍,下面,请跟随我们再

---

* 科学界把弱—电磁两种作用的统一称为"小统一",把强—弱—电磁三种作用的统一称为"大统一",把强—弱—电磁—引力四种作用的统一称为"超统一".

从宏观对称性到微观对称性……细细道来,就可以对这个问题有进一步的认识了.

宏观对称性

人们从大量实验中证实,如果一个物理过程可以发生,那么这个过程在镜中的像所代表的过程在现实世界中一定也可以发生.

例如,一个向左方飞行的火箭,它在镜中的像是向右方飞行的(图2.27),这种运动实际上是可能存在的,因此,力学现象是左右对称的,即具有空间反演对称性.

电磁学现象同样如此.例如,一根载流长直导线放置在一个载流矩形线圈的旁侧,直导线受到指向镜面的推力.它的镜像,矩形线圈的电流按反方向绕行,直导线中的电流指向不变,直导线受到从镜里向外的推力.这个镜像的实验现象实际上是可以实现的,而且符合电磁规律(图2.28).因此,电磁现象也是左右对称的,也具有空间对称性.

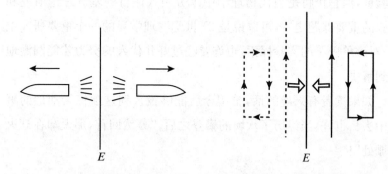

图 2.27　力学现象镜像对称　　　图 2.28　电磁现象镜像对称

力学现象和电磁现象所表现出来的镜像对称性,其原因是由于牛顿力学定律和麦克斯韦电磁学定律也都具有镜像对称的特性.进一步对其他现象考察后发现,这种空间反演对称性在宏观的物理定律中有着普遍的反映.

宇称守恒定律

从宏观现象中得到的上述经验，人们都习惯性地承袭下去了．直到 1956 年以前，物理学家们都以为微观现象也有这么一种对称性，即一个微观粒子的过程在镜中的像，也必然是现实世界中可以发生的一个过程．

在微观世界中，用来描述微观粒子空间反演对称性的物理量叫作"宇称"．由于一个过程连续经过两次空间反演（镜像反射）后就等于过程本身，因此宇称这个量跟描述宏观物体的能量、动量等连续变化的物理量不同，它只能取两个分立的值（+1）或（−1）．

根据德布罗意的理论，微观粒子的运动都具有波动性，它们在空间的位置一般不可能有确定值，无法像牛顿力学那样用位置矢量（r）作为描述粒子运动状态的基本物理量．因此，在粒子物理中采用一个波函数 $\psi(r)$ 去描述粒子的运动状态，其模（即振幅）的平方反映了微观粒子在空间的几率分布，即

$$\rho = |\psi(r)|^2$$

这个 ρ 是一个可测量．因此，空间几率分布 ρ 和 $\psi(r)$ 的模都是有实际意义的量．

这个波函数 $\psi(r)$ 在镜像反射时（即坐标取原来的负值时）只能有两种可能：

$$\psi(r) \xrightarrow{\text{空间反演}} \psi(-r) = \psi(r)$$

$$\psi(r) \xrightarrow{\text{空间反演}} \psi(-r) = -\psi(r)$$

第一种情况表示经过一次空间反演后，这个波函数与原来的相同，规定它的宇称记为（+1）；第二种情况表示经过一次空间反演后，这个波函数取原来的负值，规定它的宇称记为（−1）．

如果一个系统内有多个微观粒子，那么这个系统的总宇称就等于各个粒子宇称的乘积，显然也只能取（+1）和（−1）两个分立值．

许多实验事实表明:对于一个多粒子系统,不论经过怎样的相互作用(如中子、质子、介子等之间的强相互作用或电磁相互作用)和发生怎样的变化(包括可能会使粒子数发生变化),系统的总宇称都保持不变.这就是自从1926年以来几十年中一直被奉为金科玉律的"宇称守恒定律".

李-杨破解"τ-θ"之谜

可是,1954～1956年间,在研究某种介子的衰变现象时出现了问题*:介子有两种衰变方式,一种称为τ粒子,它衰变时变成三个π介子:

$$\tau^{\pm} \longrightarrow \pi^{\pm} + \pi^{\pm} + \pi^{\pm}$$

另一种称为θ粒子,它衰变时变成两个π介子:

$$\theta^{\pm} \longrightarrow \pi^{\pm} + \pi^{0**}$$

精确的测量表明,τ与θ这两种粒子的质量(均约为电子质量的985倍)、电荷、自旋、平均寿命(约为10^{-8} s)等都相同,可是它们的衰变方式不同.τ衰变成π介子的宇称为负;θ衰变成两个π介子的宇称为正.

因此,如果确认宇称守恒定律严格成立,那么τ与θ就不可能是同一种粒子;如果认为τ与θ是同一种粒子,宇称守恒定律就不成立.这个问题一时难倒了众多理论物理学家.

正当许多物理学家为"τ-θ"之谜困惑不解时,两位美籍华人物理学家李政道和杨振宁做了惊世之举.他们查阅了当时几乎所有关于衰变的实验资料,经过仔细的分析和研究后发现,以前有关宇称守恒的实验都是在强相互作用或电磁相互作用下进行的,在弱相互作用

---

* 介子是一种质量介于质子与电子之间的粒子,起着在微观粒子之间传递力的作用.它是由日本物理学家汤川秀树首先提出来的.

** 粒子名称右上角的"+、-"号分别表示带有一个正或负的电荷单位,"0"表示不带电.

下有关宇称守恒并没有任何实验依据.因此他们对宇称守恒定律在弱相互作用过程中是否成立提出了质疑.*

1956年10月1日,他们在发表的《弱相互作用下宇称守恒问题》的论文中指出:"和一般所确信的相反,在弱相互作用中实际上并不存在左右对称的任何实验证据.如果左右对称在弱相互作用中并不成立,则宇称的概念就不能应用于 θ 和 τ 粒子的衰变机构中,因此 θ 和 τ 可以是同一个粒子."他们还提出了用实验进行验证的方案.其原理极为简单:建立两套包括弱相互作用、互成镜像的实验装置,然后检查这两套装置是否总能产生相同的结果(图 2.29).

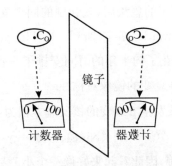

图 2.29 李-杨提出的验证实验原理

吴健雄的精彩验证

李政道和杨振宁的文章发表后,当初反响非常冷淡.因为人们长期以来形成了根深蒂固的概念,认为一切守恒定律在所有现象中都是成立的.宇称守恒定律已经在其他许多实验中证明是精确成立的,那么在弱相互作用中自然也应该成立.当时世界上最伟大的理论物理学家之一的泡利,坚决不相信宇称守恒会遭破坏.他曾在一封信中

---

* 目前认识到的相互作用共有四种,按照强弱次序排列为强相互作用(原子核中质子和中子联系的力)、电磁相互作用(静止电荷或运动电荷间的作用)、弱相互作用、万有引力相互作用.

写道:"我不相信上帝是一个软弱的左撇子,我已经准备好下一大笔赌注,我敢打赌实验将获得对称的结果."这位曾经用一个中微子假设拯救过能量守恒定律的杰出科学家,现在又要从比他年轻近30岁(当时李政道30岁、杨振宁34岁)的两位华人物理学家手中拯救另一条被视为神圣的守恒定律,泡利这一次打赌能取胜吗?

最权威的裁判只能是实验. 可是,这个实验难度太大了,大多数实验物理学家都视为畏途. 正在人们翘首期望之时,在美国工作的另一位华人女物理学家吴健雄勇敢地站出来响应.

吴健雄本来就在β衰变现象的研究方面有着极好的基础,因此在获悉李政道、杨振宁的想法后,就和她的同事安培勒(E. Ambler)、海华特(R. W. Hagward)、霍浦斯(D. D. Hoppes)、赫德逊(R. P. Hudson)等人一起,花了约半年的时间安排了一个出色的实验,观测钴(^{60}Co)原子核的β衰变的镜像对称性.

钴(^{60}Co)原子核发生β衰变的核反应方程为

$$^{60}_{27}\text{Co} \longrightarrow {}^{60}_{28}\text{Ni}(镍) + e^- + \gamma$$

由于钴原子核有自旋,因此看起来好像一个小磁针. 在极低温度和强磁场中,它们的自旋方向都会顺着外磁场方向排列起来(图2.30). 这样,这些核衰变所放出的电子就不再各向同性了. 因此实验中只需要

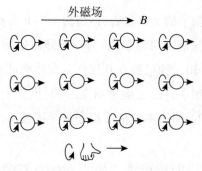

图2.30 钴原子核在外磁场中的取向

2 对称思想在科学认识中的作用

查明:钴核衰变时,是顺着外磁场方向放出的电子多,还是逆着外磁场方向放出的电子多呢?如果两个方向放出的电子数一样多,显示镜像对称,则表明在这个β衰变过程中宇称守恒,否则就不守恒.

实验所用的放射源钴(^{60}Co)置于一块硝酸铈晶体中,如图 2.31 所示. 为了有效地消除电子热骚动而产生的对钴核自旋方向的影响,实验必须在低于绝对温度 0.01 K 的极低温度下进行,以便使钴核自旋方向能整齐地排列. 对空间反演对称性的检查是依靠改变外磁场的方向来实现的.

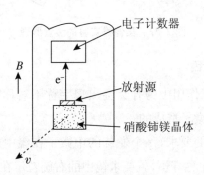

图 2.31 检验宇称守恒的放射源

原来按照李-杨的意思,需要采用两套相同的装置,如图 2.32 中央分列的两部分所示. 但实际上,将图中右方转过180°正好就是图中左方虚线所示的位置,因此只要用一套装置测量图中在实线和虚线两个方向上射出的电子数,就可以判断左右是否对称了.

1956 年末,实验结果出来了,正如李-杨所料,当改变磁场方向时电子计数器上两次读数之间存在着非常大的差异. 仪器其他部分的性质既然是左右对称的,那么结果的不对称只能起因于钴的衰变过程(即钴原子核的 β 衰变)对于空间反演的不对称性. 由于这个不对称性是由弱相互作用引起的,从而证明弱相互作用中宇称不守恒. 可见 τ 与 θ 的确是同一种粒子,只不过有两种衰变方式而已,现在通称为 K 介子,曾经困扰理论物理学界多时的"τ-θ"之谜,终于被三位华人物理学家彻底揭开了.

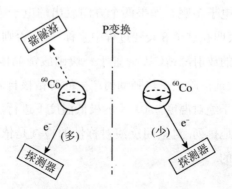

图 2.32　吴健雄实验的装置原理

宇称不守恒的原因

那么,弱相互作用中为什么会出现宇称不对称呢?原来是由于参与弱作用的中微子造成的.

根据对称性的要求,一个左旋的中微子在镜中的像是右旋粒子(图 2.33).如果宇称守恒,就要求镜中的右旋粒子在现实世界中应该是存在的.但是物理学家通过反复的实验寻找,发现自然界中只存在左旋中微子和右旋反中微子,不存在右旋中微子,也不存在左旋反中微子(图 2.34).

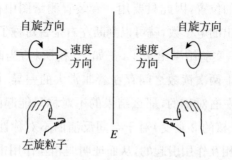

图 2.33　左旋中微子的镜像是右旋的

在吴健雄的钴(^{60}Co)β衰变实验中,末态是右旋反中微子,其镜中的像应该是左旋反中微子(图 2.34),可是自然界中不存在左旋反中微子,相应的镜像变化不成立,这就意味着在弱作用中不具有空间反演的不变性,所以宇称守恒定律自然也不会成立了.

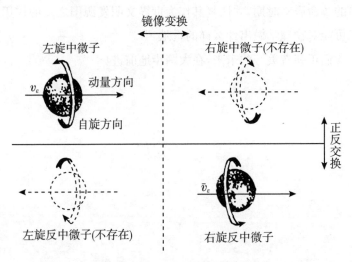

图 2.34　自然界中存在的中微子和不存在的中微子

深远的意义

人们长期以来曾经形成一种很坚定的信念,认为一切守恒定律在所有现象中都是成立的. 弱相互作用过程中宇称的不守恒,给予人们思想上极大的冲击. 正如著名的物理学家、诺贝尔奖获得者、吴健雄的导师赛格雷(E. Segre)所说的:"它消除了一种偏见,这种偏见未经足够的实验验证,就曾被当成一条真理."

弱相互作用过程中宇称的不守恒,开创了粒子物理的新局面,由此产生了许多新的研究课题. 尤其是关于对称性破缺的研究,已经成为物理学家极具挑战性的问题之一. 赛格雷在谈到李政道、杨振宁、吴健雄三位物理学家的贡献时评论:"违背宇称守恒,这也许是战后最伟大的理论发现." 李政道和杨振宁由于这一重大贡献,荣获 1956

年度诺贝尔物理学奖.他们也是最先获得此项殊荣的华人科学家.

　　李-杨的惊人发现和吴健雄的精湛实验,在国际舞台上充分展示了华人的聪明才智.赛格雷曾热情地做出了预言:"从当代这三位中国物理学家所取得的成就,也可以看出中国这个伟大的国家在渡过当前的革命震动时期,并恢复其作为世界文明发源国之一的作用后,将来可能对物理学做出什么样的贡献."

　　我们正朝着美好的未来,在大踏步地前进!

3 中学物理中几种典型的对称

在物理学中,对称性主要体现在物理现象的空间和时间性质的描述上,也就是说,一切物质和运动过程都有它对应的方面.这种对应方面表现为现象的相同(或相似)、形态上的对映、物质的正反面、结构的重复、性质上的一致、规律性的不变等.

对称性的普遍特征反映在中学物理问题中时,我们可以比较具体地把它分为镜像对称、中心对称、结构对称、电路对称和图像对称等几种.其中,最为典型、最为常见的就是镜像对称.

3.1 镜像对称

(1) 镜像对称及其特点

在物理学中,我们把具有与物体在平面镜中的像相同特点的对称性,称为镜像对称.这是一种人们最熟知、最直观、最普遍的对称性.如图3.1所示,镜前的物(烛焰)与镜中的虚像,就是一种镜像对称——虚像与物大小相等,对镜面的距离相等.

利用平面镜成像的这种对称性,给平面镜成像作图带来了方便.

如图3.2所示,设 AB 为镜前物体,为了作出它在平面镜中的像(虚像),可先根据物、像对镜面的对称性,找出物体上两端点 A、B 在镜中的像点 A'、B'.然后,从物体上再作任意两条投射到镜面的光线,连接入射点和像点,即可确定反射光方向,作出反射线 AO_1C、AO_2D. 这种做法比先画出入射光 AO_1、AO_2,再根据反射定律,由反射线的延长线交点确定像点要方便得多.

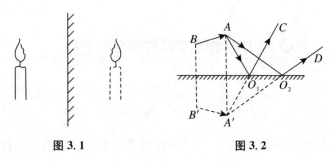

图 3.1   图 3.2

镜像对称是一种空间反演. 它有一个重要的特点:镜中的像与镜前的物大小相等、上下关系不变,但是左右交换. 也就是说,原来物的左边,在镜中的像变为右边;原来物的右边,在镜中的像变为左边. 例如,我们在镜前伸出的是右手手套,在镜中变为左手手套(图 3.3(a)).

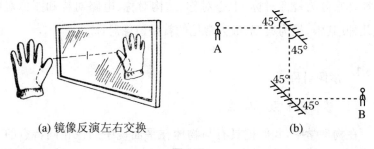

(a) 镜像反演左右交换   (b)

图 3.3

为了使镜中的像与物体保持相同的左右关系,应该经过两次镜面反射. 例如,将两块相互平行的平面镜如图 3.3(b)所示放置,这就是潜望镜的原理. 观察者(A)看到的是与左侧的朋友(B)大小完全相同,上下不颠倒,左右不互换的虚像.

由此推广,可以得到一般情况下的结论:经过奇数次镜面反射得到的像,像与物的左右关系互换;经过偶数次镜面反射得到的像,像与物的左右关系不变.

(2) 镜像对称的表现

镜像对称并不局限于平面镜成像,也渗透在力学、电学等其他方面.

球的反射

一个光滑的小球斜向射到坚硬的墙壁上,与墙面发生弹性碰撞后,小球好像是从以墙为镜面形成的像直接反射出来的一样.小球反弹路径的反向延长线与入射路径,对镜面来说也互为镜像对称(图 3.4).*

有一些同学常常误认为,斜向入射的小球对墙壁的作用力方向就是入射的方向.他们把速度的方向与力(加速度)的方向混淆起来了.根据牛顿运动定律,墙壁对小球作用力的方向,就是小球碰壁时产生的加速度方向,也就是它的速度变化 Δv 的方向.画出小球碰撞时的速度变化矢量图(图 3.5),可以看到,Δv 的方向垂直墙面向外,因此球对墙的作用力方向一定垂直墙面向内.

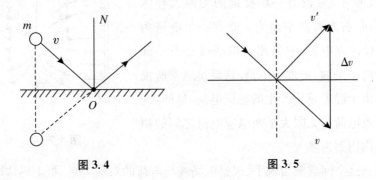

图 3.4 图 3.5

---

* 光滑小球与坚硬墙壁做弹性碰撞时,沿着墙面方向不受力的作用,速度的切向分量(即沿着墙面的分量)不变;由于碰撞中没有能量损失,速度的法向分量(即垂直墙面的分量)保持大小不变反弹.因此,反弹速度的大小不变且与入射速度形成对称关系.

生活中许多利用风力的现象(如帆船、放风筝等),也是同样的道理.风是空气的运动,简单情况下,可以把风看成由一群质量、速率相同的弹性粒子所组成的.它们与帆面(或风筝面)的相互作用,可以认为也是一种弹性碰撞,从而会形成垂直于帆面的压力.将风对帆面的压力分解,其中沿着帆船纵向的分力就是对船的有效推力(另一个垂直于船龙骨的横向分力,与水的横向阻力平衡),帆船正是依靠它作为动力驱使着船前进的(图 3.6).

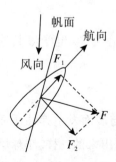

图 3.6 逆风驶帆

懂得了这个道理,驾驶帆船时无论遇到横风甚至逆风,聪明的舵手只要使帆面与航向间形成某个夹角,仍然可以借助风力使船前进.这就是所谓"船行八面风"的道理.

镜像法

我们先研究这样的一个问题:如图 3.7 所示,假设有一块接地的无限大导体平面,右方离开平面为 l 处有一个电量为 $+Q$ 的点电荷.它发出的电场线必有一部分终于平面,出现负电荷.这就是通常所说的由于静电感应产生的感应电荷.试问:这个点电荷与无限大平面感应电荷之间的相互作用力为多大?

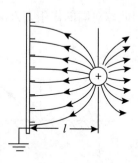

图 3.7

这个问题颇为棘手.根据电场线与电荷的对应关系,板上感应电荷的电量肯定比点电荷少,但它的具体数量无法确定;此外,导体板又处于一种不均匀的面电荷分布状态.因此,没有直接的公式可以运用.

为了突破这个困难,我们可以设想以这块无限大的导体板为镜面,在镜中对称位置上有一个等量异号的负电荷,它相当于镜前点电荷的像(称为"像电荷"). 镜前电荷发出的电场线与它镜中的像也互相对称,就好像电场线从镜前点电荷发出,终止于"像电荷"一样. 原来的正电荷有多少条电场线终止于导体板上,引入"像电荷"后仍然有多少条电场线终止于导体板上(图 3.8).

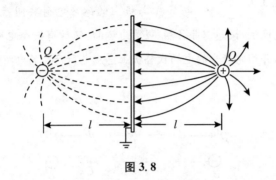

图 3.8

由于引入"像电荷"后导体板在电场中所处的状态不变(更普遍的说法是导体板的"边界条件"不变),因此,原来板前正电荷与板上感应电荷之间的相互作用,就等效于板前正电荷与板后"像电荷"之间的相互作用. 根据库仑定律,立即可以算出其大小为

$$F = k\frac{Q^2}{(2l)^2} = k\frac{Q^2}{4l^2}$$

这个方法是基于镜面对称性原理形成的,因此称为镜像法(又叫"电像法"). 它是研究静电场问题时非常有用的一种特殊的方法. 利用镜像法,把原来不均匀分布的面电荷转化为一个点电荷,就可以方便地根据点电荷所适用的库仑定律或场强公式进行有关的计算了.

适用于电像法的对称性有不同的表现形式,为了加深体会,下面再研究一个问题:

例题 1 如图 3.9 所示,有一块很大的接地导体板 MN,在它的

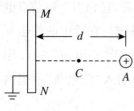

图 3.9

右方与板相距 d 处有一个带电量为 $+Q$ 的点电荷 A,试求点电荷 A 与导体板连线中点 C 处的电场强度.

分析与解答 由于静电感应,板的右侧会产生感应电荷,板前 C 处的电场强度由点电荷 A 与板上的感应电荷共同产生.

根据电像法,设想以导体板 MN 为镜面,镜后有一个电量为 $-Q$ 的"像电荷"B,并用它产生的电场代替板上感应电荷产生的电场(图 3.10).

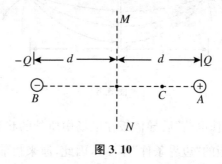

图 3.10

根据库仑定律,点电荷 A 与"像电荷"B 在 C 点产生的电场强度分别为

$$E_1 = k\frac{Q}{\left(\dfrac{d}{2}\right)^2} = \frac{4kQ}{d^2} \quad (\text{方向沿 } AC \text{ 连线向左})$$

$$E_2 = k\frac{Q}{\left(\dfrac{3d}{2}\right)^2} = \frac{4kQ}{9d^2} \quad (\text{方向沿 } BC \text{ 连线向左})$$

两者同向叠加,得 C 点处的电场强度大小为

$$E_C = E_1 + E_2 = \frac{4kQ}{d^2} + \frac{4kQ}{9d^2} = \frac{40kQ}{9d^2}$$

其方向沿 AC 连线向左,即由 A 指向 B.

说明 这里板上感应电荷的电量同样无法知道,并且也处于面分布状态,引入镜像电荷后就把这些困难都化解了.

声音的反射

研究声的传播时,若从声源发出的声波与从障碍物反射的波都处于同样的介质中,由于其传播速度大小不变,犹如弹性小球与光滑墙壁的碰撞,反射波与入射波也形成镜像对称关系.

例题 2 一高频波源 S 与一检波器 D 置于地面上相距为 d 的两处. 已知从 S 发出直接传到 D 处的波,与经高 H 处的水平层反射后传到 D 处的波同相位(图 3.11). 若将反射层再升高 h 时,检波器中就检测不到信号. 忽略大气的吸收等因素,试求 d、h、H 与波长 λ 的关系.

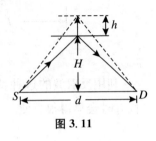

图 3.11

分析与解答 根据题意,当反射层高 H 时入射波和反射波同相,则其行程差一定满足条件

$$2\sqrt{H^2 + \frac{1}{4}d^2} - d = k\lambda$$

当反射层再升高 h 后,检测不到信号,表示直达波和反射波干涉相消,其行程差应该满足条件

$$2\sqrt{(H+h)^2 + \frac{1}{4}d^2} - d = (2k+1)\frac{\lambda}{2}$$

两式相减,化简后可得

$$\lambda = 2\sqrt{4(H+h)^2 + d^2} - 2\sqrt{4H^2 + d^2}$$

说明 上面是从真实的入射波和反射波形成镜面对称产生的干涉现象考虑的. 有时,我们还可以变换角度,利用一个"镜像声源"发出的声波代替反射波进行研究.

如图 3.12 所示,设一个静止的声源 S 向着障碍物发出一列声波,则从障碍物返回声源的反射波,可以看成在障碍物后与声源 S 成镜面对称的镜像声源 S' 发出的.

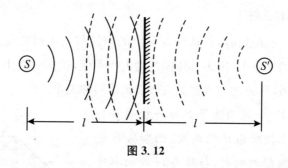

图 3.12

利用反射波的这种特性,在研究声音的反射以及多普勒效应*时,有时会显得很方便.

3.2 中心对称

相对于某个位置的一种对称性,称为中心对称. 无论是运动还是图形等所表现的中心对称,都可以分为最普遍的两种形式:一种呈左右(或上下)分布形式的中心对称,称它为并列分布式的中心对称;另一种以圆形(包括圆周、圆面、球面和球体等)为其特征的对称分布,称它为辐射分布式的中心对称.

(1) 并列分布式中心对称

简谐运动

一个质点沿直线或弧线,以某一位置为中心做往复运动(简谐运动),如图 3.13 中的单摆、弹簧振子或振动实验台上的仪器等,它们都具有以平衡位置为中心的对称特征. 这是比较常见的一种分列式中心对称.

根据对称性,我们很容易判知,该质点在平衡位置两侧对称位置

---

* 有关多普勒效应的介绍及其镜像声源的应用等,请参阅本书第 5 章.

3 中学物理中几种典型的对称

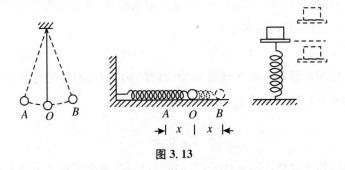

图 3.13

上,质点的速度、加速度、回复力、动能、势能等物理量,它们的大小必然都是相等的.

简谐运动的中心对称,原因在于振动规律是正弦(或余弦)函数. 在图 3.14 中画出了与水平弹簧振子对应的参考圆. 设质点以角速度 ω 沿半径 $R=A$(振子的振幅)的圆周逆时针转动,$t=0$ 时位于 B' 点. 它在 $O'x'$ 轴上的位移、速度、加速度等物理量都与振子的各物理量对应,即

$$x' = A\cos \omega t \quad \rightarrow \quad x = A\cos \omega t$$
$$v' = -\omega A \sin \omega t \quad \rightarrow \quad v = -\omega A \sin \omega t$$
$$a' = -\omega^2 A\cos \omega t \quad \rightarrow \quad a = -\omega^2 A\cos \omega t$$

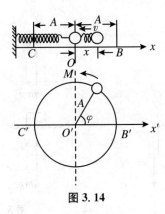

图 3.14

例题1(2013 上海) 做简谐振动的物体,当它每次经过同一位置时,可能不同的物理量是( ).

A. 位移　　B. 速度　　C. 加速度　　D. 回复力

分析与解答　在简谐运动中,位移、回复力、加速度的大小有一定的关系,即

$$x \xrightarrow{F=kx} F \xrightarrow{a=\dfrac{F}{m}} a$$

振动物体每次经过同一位置,它们必定相同,而速度的方向会发生改变,因此 B 正确.

例题2　在一个竖直悬挂的轻弹簧下挂一个小盘,盘中放有一个质量为 m 的木块(图3.15),使木块随盘一起在竖直方向上做振幅为 A 的简谐运动.若振动过程中木块对盘的最大压力为 $1.5mg$,则木块对盘的最小压力为( ).

A. $1.0mg$　　B. $0.75mg$　　C. $0.50mg$　　D. $0.25mg$

分析与解答　以木块为研究对象,它在重力和盘面支持力的共同作用下随盘一起做简谐运动.支持力最大的位置是木块向下运动到最大位移的位置,支持力最小的位置是木块向上运动到最大位移的位置,这两个位置对称于平衡位置(图3.16).

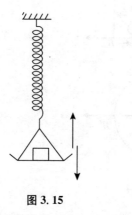
图 3.15

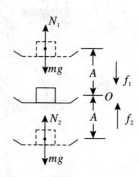
图 3.16

分别对上方极端位置和下方极端位置列出回复力的表达式

$$f_1 = mg - N_1 = kA$$
$$f_2 = N_2 - mg = kA$$

两式相减,得

$$N_1 = 2mg - N_2 = 2mg - 1.5mg = 0.5mg$$

根据牛顿第三定律,所以木块对盘面的最小压力为 $0.50mg$,正确的是 C.

说明　由于振动过程中对平衡位置所呈现的对称性,所以物体在平衡位置两侧对称位置上的回复力一定等值、反向. 对于题中木块,只要知道它在平衡位置某一方向某处时对盘的压力,就可以用同样方法立即得到它位于对称的另一位置时的压力.

双缝干涉条纹分布

图 3.17 是著名的杨氏双缝干涉实验装置示意图. 根据波的干涉理论,很容易看出屏上所形成的干涉条纹的分布,也是一种以某位置为中心的对称排列*.

---

* 双缝干涉明暗条纹位置的推导:如图 3.17 所示,设屏上某处 P 到双缝 S_1、S_2 的距离(光程)分别为 r_1、r_2. 由图可知

$$r_1^2 = l^2 + \left(x - \frac{d}{2}\right)^2, \quad r_2^2 = l^2 + \left(x + \frac{d}{2}\right)^2$$

两式相减,得

$$r_2^2 - r_1^2 = (r_2 - r_1)(r_2 + r_1) = 2dx$$

由于 $l \gg d, l \gg x$,因此 $r_2 + r_1 \approx 2l$,所以屏上某处 P 到双缝 S_1、S_2 的光程差

$$\delta = r_2 - r_1 = \frac{d}{l}x$$

根据波的干涉理论,光程差 δ 等于波长 λ 的整数倍(或半波长的偶数倍),两波同相到达,振动加强,出现亮条纹;光程差 δ 等于半波长的奇数倍,两波反相到达,振动减弱,出现暗条纹. 把这个条件转换成离开中心 O 的坐标,即得下页的式①、式②.

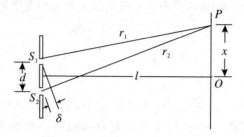

图 3.17

设与双缝相对的屏中心位置为 O,则出现亮纹的位置坐标为

$$x = \pm k \frac{l}{d}\lambda \quad (k = 0、1、2、\cdots) \quad ①$$

出现暗纹处的位置坐标为

$$x = \pm (2k-1) \frac{l}{d} \cdot \frac{\lambda}{2} \quad (k = 1、2、\cdots) \quad ②$$

可见,无论亮纹或暗纹,其间距(宽度)都相等,均为

$$\Delta x = x_{n+1} - x_n = \frac{l}{d}\lambda$$

所以,在屏上形成以中央亮纹为中心对称,两边等间距排列着宽度相同、明暗相间的干涉图样. 对于同样的实验装置,入射光的波长越长,条纹间距越大(图 3.18).

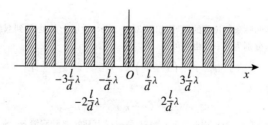

图 3.18

单缝衍射条纹分布

光的衍射是指光束绕过障碍物射到直线传播的阴影区域的现

象.产生条件是障碍物(或孔)的尺寸可以跟光的波长相比拟(差不多).它与光的干涉一样,也是光的波动性的重要表现.

图 3.19 为单缝衍射实验装置.理论研究指出,屏上衍射区域的光强分布也呈现出中心对称的特点(图 3.20).因此,屏上形成的衍射条纹分布是中央最宽最亮,两旁不等间距排列着宽度不同的明暗相间条纹.

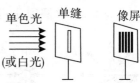

图 3.19 单缝衍射实验装置

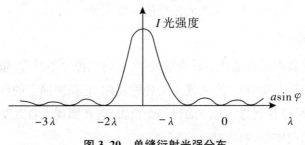

图 3.20 单缝衍射光强分布

如果认识清楚了双缝干涉和单缝衍射条纹所呈现的中心对称具有不同的特点,那么下面这个练习题就轻而易举地可以回答了.

练习题

(2012 上海) 图 3.21 为红光或紫光通过双缝或单缝所呈现的图样,则( ).

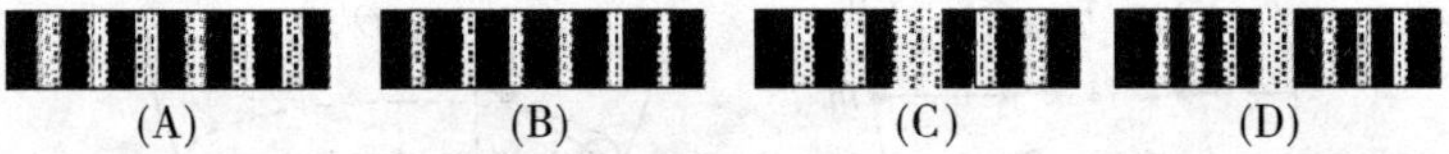

图 3.21

A. 甲为紫光的干涉图样　　B. 乙为紫光的干涉图样
C. 丙为红光的干涉图样　　D. 丁为红光的干涉图样

提示:根据 $\Delta x = \dfrac{l}{d}\lambda$ 得.

(2) 辐射分布式中心对称

这是以圆(圆周、圆面、球面和球体等)为其特征辐射式的中心对称. 例如,升空的焰火爆炸初期,各个微粒形成球对称分布;点电荷的电场线,形成以点电荷为中心的辐射状(图3.22),因此以点电荷为中心的各个同心圆(球)必定是等势线(面).

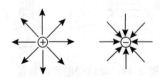

图 3.22

这种辐射式的中心对称,在物理学和实践中表现得更为广泛. 下面选择某些实例,从对称性的角度进一步认识一下.

匀速圆周运动

匀速圆周运动是其中最典型、最常见的一种中心对称. 做匀速圆周运动的质点周而复始,表现出一种重复性. 它在圆周上的任何一个位置,都可以找到与它对应的另一个位置. 它在圆周上各处受到的向心力都指向中心,两两对应(图3.23).

根据这个对称特征,能为物体做匀速圆周运动时的受力分析等指引方向. 例如图3.24中,一个小球在光滑的半球形容器内壁做匀速圆周运动,小球所受的重力 mg 和器壁支持力 N 的合力 F 必定在水平面内指向圆心 O,否则的话,小球的运动无法形成对圆心 O 的中心对称.

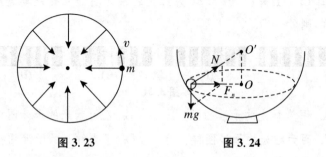

图 3.23　　　　　图 3.24

认识到圆周运动的这个受力特征后,有些问题的分析和认识就显得很自然了.

3 中学物理中几种典型的对称

例题 1 试讨论:物体所受地球的引力、重力和地面(或悬线)支持力相互间的关系.

分析与解答 如图 3.25 所示,一个静止于地球表面的物体,从客观施力对象来说,它只受到两个力的作用:地球的引力和地面的支持力(性质上属于弹力).由于物体时刻随着地球一起自西向东自转,所以必须要求提供给它一个平行于赤道平面、指向地轴的向心力,从而形成对地轴的对称运动.

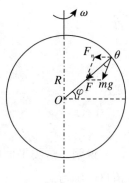

图 3.25

于是,这里的地球引力就起着两个作用:引力的一个分力提供物体随地球自转需要的向心力(F_n),另一个分力竖直向下,平衡地面的支持力.这个竖直向下的分力被称为重力($G=mg$).

由于在地球上不同纬度的地方,物体随地球自转的半径不同,因此同一个物体的重力大小以及它与引力间的夹角也会随着纬度而变化.

由图 3.25 和余弦定理知

$$(mg)^2 = F^2 + F_n^2 - 2FF_n\cos\varphi$$
$$= F^2 + (m\omega^2 R\cos\varphi)^2 - 2Fm\omega^2 R\cos^2\varphi$$
$$= F^2 - (2F - m\omega^2 R)m\omega^2 R\cos^2\varphi$$

上式表明,同一个物体的重力($G=mg$)会随着所处纬度 φ 的不同而变化.当纬度增大时,$\cos\varphi$ 减小,而 $2F-m\omega^2 R>0$,则 mg 增大.可见,当物体从赤道移向两极时,重力会变大.*

同时,物体所受的重力与引力间的夹角(θ)也会随着纬度的不同

---

* 由于地球为椭球体,其极半径小于赤道半径,故物体从赤道移向两极时,地球对物体的引力也变大.

而变化.由图 3.25 和正弦定理知

$$\frac{mg}{\sin \varphi} = \frac{F_n}{\sin \theta} = \frac{m\omega^2 R\cos \varphi}{\sin \theta}$$

得

$$mg = \frac{m\omega^2 R}{2\sin \theta}\sin 2\varphi$$

或

$$\theta = \sin^{-1}\left(\frac{\omega^2 R}{2g}\sin 2\varphi\right)$$

说明 这类平面中心对称在中学物理中很普遍,下面这个问题请自己练习.

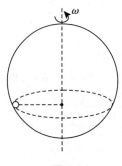

图 3.26

练习题

如图 3.26 所示,半径 $R=0.5$ m 的空心球绕自身的竖直轴匀速转动,角速度为 $\omega=5$ rad/s,如果要使球内的小木块能够保持在高度为 $\frac{R}{2}$ 处随球一起转动,那么小木块与球壁间的摩擦因数至少为多大?

参考答案:$\frac{3\sqrt{3}}{23}$(或 0.225 9).

提示:设连接木块和球心的半径与竖直轴之间的夹角为 α,根据木块做中心对称运动的要求,有关系式

$$N\cos \alpha + f\sin \alpha = mg$$
$$N\sin \alpha - f\cos \alpha = m\omega^2 R\sin \alpha$$

联立后得 f、N,根据木块不下滑应满足的条件 $\mu \geqslant \frac{f}{N}$,即得最小值.

例题 2 质量为 m、电量为 q 的质点,在静电力作用下以恒定速率 v 沿圆弧从 A 点运动到 B 点,其速度方向改变的角度为 θ(弧度),AB 弧长为 s,则 A、B 两点间的电势差 $U_A-U_B=$_____,AB 弧中

点的场强大小 $E =$ _____ .

分析与解答 带电质点在静电力作用下做匀速率圆运动,圆周的中心必定是一个点电荷.由中心对称性可知,其圆周必然是一条等势线,即

$$U_A - U_B = 0$$

质点在 A、B 两处的速度方向都沿着圆弧的切线方向,由对称性知,其速度方向改变的角度一定等于 AB 弧所对的圆心角(图3.27).因此圆运动的半径为

$$R = \frac{s}{\theta}$$

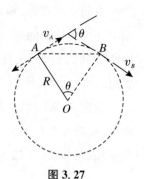

图 3.27

质点做圆运动所需的向心力,只能是中心电荷对它的库仑力(电场力),即

$$F_n = F_E = k\frac{v^2}{R} = m\frac{v^2}{\frac{s}{\theta}} = \frac{mv^2\theta}{s}$$

所以 AB 弧中点的场强大小为

$$E = \frac{F_E}{q} = \frac{mv^2\theta}{s}$$

说明 本题虽然只是一个填空小题,构思却很巧妙.当年(1997年)高考中,一些同学没有认识到这个电场的特点,也有一些同学虽然对点电荷电场的特性背得很熟,但面对具体问题时却并没有认识到圆弧的等势性,因此很遗憾地在这个小题上失分的同学很多.温故知新,值得多加体会.

空间的中心对称

上面讨论的匀速圆周运动,可以认为是限制在一个平面内的中心对称.如果把地球看成一个质量均匀分布的正球体,那么当一个物体置于地面上不同位置,地球对物体的引力就构成了空间的中心对称.

把这个问题反向考虑:设想在球面上均匀地密布着一系列质量相同的质点 m,它们对位于中心的质点 m_0 的吸引力都沿半径背离球心。由对称性很容易判知,中心质点受到球面各个质点引力的合力(矢量和)一定为零.

空间对称性可以有不同的表现形式,如物质分布的空间对称、引力作用的空间对称、辐射的空间对称、运动的空间对称等.在中学物理中有许多估算问题,如估算地球大气的质量、计算深入地球内部物体所受到的引力、估算宇宙年龄等等,实际上都基于空间中心对称思想.

例题 3 图 3.28 是实验室里带有游标尺的水银气压计的一部分.请根据气压计的指示值,估算包围地球的大气质量(取两位有效数字).已知地球半径 $R = 6\,370$ km.

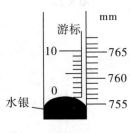

图 3.28

分析与解答 这是一个 10 分度游标,所指示的大气压为 756.6 mmHg,即

$$p = \frac{756.6}{760} \times 1.013 \times 10^5 \text{ Pa}$$
$$= 1.008 \times 10^5 \text{ Pa}$$

假设包围地球的大气质量为 m,大气受到地球的引力压向地球表面的力,就是作用在整个地球表面的大气压力.由于地球周围大气层的厚度 $h \ll R$,所以可以认为大气层各处的 g 值相等.因此整个地球表面受到大气压力的大小为

$$F = pS = 4\pi R^2 p$$

于是得地球大气的质量为

$$m = \frac{4\pi R^2 p}{g} = \frac{4\pi \times (6.37 \times 10^6)^2 \times 1.008 \times 10^5}{9.8} \text{ kg}$$
$$= 5.24 \times 10^{18} \text{ kg}$$

3 中学物理中几种典型的对称

说明 由本题可知,若测出某天体表面处的气压 p,自由落体的加速度 g,已知该天体的半径,即可估算出包围该天体的"大气"质量.

例题 4 天文观测表明,几乎所有远处的恒星(或星系)都在以各自的速度背离我们而运动,离我们越远的星体,背离我们运动的速度(称为退行速度)越大;也就是说,宇宙在膨胀. 不同星体的退行速度 v 和它们离开我们的距离 r 成正比,即

$$v = Hr$$

式中 H 为一个常数,称为哈勃常数,已由天文观察测定. 为解释上述现象,有人提出一种理论,认为宇宙是从一个大爆炸的火球开始形成的. 假设大爆炸后各星体即以不同的速度向外匀速运动,并假设我们位于其中心,则速度越大的星体现在离我们越远. 这一理论与上述天文观测结果一致.

由上述理论和天文观测结果,可估算宇宙年龄 T,其计算式为 $T =$ _____ . 根据近期观测,哈勃常数 $H = 3 \times 10^{-2}$ m/(s·l.y.),其中 l.y.(光年)是光在一年中行进的距离,由此估算宇宙的年龄约为 _____ y.(光年).

分析与解答 假设地球恰好位于大爆炸的中心,大爆炸后各星体以速度 v 从中心向外匀速运动,形成各向均匀的中心对称景象*. 当离开我们(地球)距离为 r 时经历的时间为 t,即

$$r = vt$$

根据哈勃定律,可得

$$v = Hr = Hvt$$

---

* 宇宙从大爆炸中诞生时的残余辐射,同样具有高度的各向同性. 开始时,还只能是一种科学的猜想. 后来,通过在 1989 年 11 月发射升空的宇宙背景辐射探索者卫星(COBE)的长期观测,终于以相当高的精确度证实了这种背景辐射的各向同性. 从对称性角度说,大爆炸的残余辐射就是一种空间中心对称分布.

则
$$t = \frac{1}{H}$$

这个时间可看成宇宙的年龄,即
$$T = \frac{1}{H}$$

代入哈勃常数的值
$$H = 3 \times 10^{-2} \text{ m/s} \cdot \text{l. y.} = 1 \times 10^{-10} \text{ y.}^{-1}$$

所以
$$T = 1 \times 10^{10} \text{ y.}$$

说明 本题系1999年上海高考题,为了便于计算,采用的哈勃常数比较粗糙,但估算结果的数量级(10^{10} y.)是正确的.从上面的表达式可知,宇宙年龄恰好与哈勃常数互为倒数.由于宇宙的膨胀速率乃至哈勃常数并非恒定不变,因此算出的宇宙年龄也会有差异.

例题5 假设太阳辐射的能量完全来源于"燃烧氢"的核反应:
$$4{}_1^1\text{H} \longrightarrow {}_2^4\text{He} + 2e^- + 2\nu$$

这个核反应放出28 MeV的能量.式中e^-为电子,ν为中微子.中微子是一种质量远小于电子质量、穿透力极强的中性粒子.试估算地球上与太阳光垂直的1 m^{2}面积上,1 s内能接收到多少个中微子?已知太阳每秒辐射的能量为3.8×10^{26} J,日地距离$r = 1.5 \times 10^{11}$ m,电子电量$e = 1.6 \times 10^{-19}$ C.

分析与解答 根据"燃烧氢"的核反应,太阳每辐射$\dfrac{28}{2}$ MeV能量,释放一个中微子,因此太阳每1 s释放的中微子数量为
$$N = \frac{E_0}{14 \text{ MeV}} = \frac{3.8 \times 10^{26}}{14 \times 1.6 \times 10^{-19} \times 10^6} = 1.7 \times 10^{38}$$

这些中微子可以认为从太阳均匀地向四周辐射,形成空间中心对称分布.所以地球上与太阳光垂直的1 m^{2}面积上,1 s内能接收到

的中微子数量为

$$n = \frac{N}{4\pi r^2} = \frac{1.7 \times 10^{38}}{4 \times 3.14 \times (1.5 \times 10^{11})^2} = 6 \times 10^{14}$$

说明 本题根据第 12 届全国物理竞赛题改编. 从计算可知, 地球上 1 m² 面积上, 1 s 内能接收到的中微子数量是极为庞大的, 但是实际测量中却远非如此. 这是什么原因呢? 有兴趣的同学请相互探讨.

例题 6 自然界中的物体由于具有一定的温度, 会不断向外辐射电磁波, 这种辐射因与温度有关, 故称为热辐射. 为了进行研究, 物理学上定义了一种称为"黑体"的理想物体*, 理论研究指出, 单位时间内从黑体表面单位面积辐射的电磁波的总能量与黑体绝对温度的 4 次方成正比, 即

$$P_0 = \sigma T^4$$

式中 σ 是一个常数, 试估算火星的平均温度. 假设把太阳和火星都看成黑体, 忽略其他天体及宇宙空间的辐射, 已知太阳表面温度 $T = 5\,770$ K, 太阳与火星相距 d 等于太阳半径的 400 倍.

分析与解答 太阳向四周辐射是一种空间中心对称分布. 设太阳半径为 R, 火星半径为 r, 则单位时间内火星吸收到的太阳辐射能量为

$$P = 4\pi R^2 \cdot \sigma T^4 \cdot \frac{\pi r^2}{4\pi d^2} = \frac{\pi \sigma T^4 r^2}{400^2}$$

设火星表面的平均温度为 T', 根据辐射规律, 火星表面单位时间内向外辐射的电磁波能量为

$$P' = 4\pi r^2 \cdot \sigma T'^4$$

可见, 火星既不断地吸收太阳辐射, 也不断地发生辐射. 显然, 只

---

* 黑体是指能够 100% 吸收入射到其表面的电磁辐射的一种物体. 这是一种理想模型, 对热辐射的研究有着很大的作用. 一个开有小孔的空腔, 由于入射的电磁波绝大部分只能在空腔内不断反射, 很少能逸出空腔, 故可以近似地看成黑体.

有当它所吸收和辐射的能量相等时,才会处于平衡状态,从而保持一定的温度(T'). 由

$$\frac{\pi\sigma T^4 r^2}{400^2} = 4\pi r^2 \cdot \sigma T'^4$$

得火星的平均温度

$$T' = \frac{T}{\sqrt[4]{4\times(400)^2}} = \frac{5\,770}{\sqrt[4]{800}}\text{ K} = 204\text{ K}$$

说明 初看本题时,可能会觉得很棘手,仅有一个陌生的公式和两个数据. 但通过对太阳辐射呈现空间中心对称和火星保持温度的热平衡分析,就可以找出解题的线索了. 本题取用 2000 年上海高考题中核心部分改编,旨在突出对空间中心对称的认识和应用.

3.3 结构对称

结构对称主要指的是几何形体的对称性.

许多有规则的几何形体,如正方体、长方体、三角形、菱形、正多边形以及各种柱体(圆柱体、菱柱体等)、常用的一些工具、仪器、装饰品、艺术品和某些建筑及其构件等,都具有明显的结构对称性. 这种结构上的对称性,往往会显示出一种美感.

下面,选择若干与中学物理关联比较密切的具体事例,领略一下这种结构对称性的作用以及在分析和研究问题时带来的方便.

(1) 劈

生活中有许多物件(或其中的某个部分)的结构都具有尖劈形状,如剪刀、水果刀、厨房里的菜刀、木工用的斧头、制鞋(或修鞋)时用于定型的"鞋楦头"等. 有时为了稍稍垫高物体或紧固物体,也常常会插入一个尖劈形状的木片或铁片等.

那么,具有尖劈形状的物体有什么奥妙,能受到人们如此的青睐呢? 下面,以比较简单的等腰劈为例,考察一下它的力学特点.

3 中学物理中几种典型的对称

如图 3.29(a)所示,将一个等腰劈楔入物体中,在劈背上加以垂直劈背的外力 F 后,由于对称性,两侧劈面对物体产生的推力一定大小相等且对称分布.因此,画出力的分解图会构成一个菱形,如图 3.29(b)所示.于是,立即可以算出这个尖劈对两侧物体推力的大小为

$$N_1 = N_2 = \frac{F}{2\sin\alpha}$$

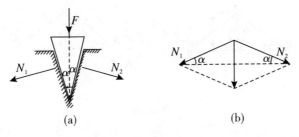

图 3.29

从上式可以知道,尖劈的顶角 2α 越小,两侧形成的推力越大.为了更直观地认识其大小变化关系,现以压力 $F=100$ N 时不同顶角的推力大小列表(表 3.1)比较如下.

表 3.1 不同顶角的推力($F=100$ N)

半顶角 α	2	3	4	5	6	7	8	9	10	15	20	30	45
推力(N)	1 462	956	716	573	478	410	359	319	288	193	146	100	71

所以,利用尖劈用一个不大的压力,在合适的顶角时可以在两侧得到很大的推力,这就是尖劈容易楔入物体(或分开物体)的道理*.

---

* 厨房里常用的菜刀,有句"俗话"——前切后斩.菜刀刀刃的前部比较薄,相当于尖劈的顶角小,适用于只需不大的力就能切开的物体,常用于切菜.但刀刃太薄时其强度就不大了,无法用于需要较大力量才能分开的物体,于是后部的刀刃做得就比较厚,相当于尖劈的顶角比较大,适宜于斩(如斩断鸡、鸭的骨头等).一把小小的菜刀上竟然隐藏着这样的知识,也许同学们平时都没有想到,建议在家里仔细观察一下.

(2) 人字梁

人字梁是建筑中最常见的构件,它是一种等腰三角形的对称结构.不计梁的自重时,在顶点挂上重为 G 的物体(或施以向下的压力和拉力)后(图 3.30(a)),根据对称性很容易算出各构件所受的作用力和对墙的压力.

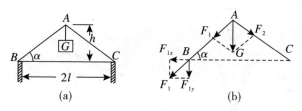

图 3.30

如图 3.30(b)所示,对于顶点 A 的拉力 $F=G$,把它沿着 AB、AC 两方向分解.考虑到结构的对称性,两分力大小相等($F_1=F_2$),即

$$F_1 = F_2 = \frac{\frac{G}{2}}{\sin \alpha} = \frac{G}{2\sin \alpha}$$

再把 F_1 沿水平方向和竖直方向分解,得两分力分别为

$$F_{1x} = F_1 \cos \alpha = \frac{G}{2\tan \alpha} = \frac{lG}{2h} \quad (\tan \alpha = \frac{h}{l})$$

$$F_{1y} = F_1 \sin \alpha = \frac{G}{2}$$

由于对称性,两侧斜梁所形成的水平分力和竖直分力一定对应相等,即

$$F_{2x} = F_{1x}, \quad F_{2y} = F_{1y}$$

所以横梁受到的向两侧的推力大小均为 $\frac{lG}{2h}$,两侧竖直墙受到的压力均为 $\frac{G}{2}$.

3 中学物理中几种典型的对称

(3) 重心位置

一般物体重心位置的确定比较复杂,对于有对称结构的均质物体,其重心位置的确定往往可以得到简化.

假设一个物体由同种均质材料组成,并且具有对称结构,那么其重心位置一定在它的几何中心.根据这个特点,对于某些形状不规则的物体,可以采用分割(或填补)等方法,使它形成几个具有对称结构的部分,这样就比较容易找出重心位置了.

如图3.31所示,有一块边长为 a 的均匀正方形薄片,切去 $\frac{1}{4}$ 后变成一个不规则形状的薄片.为了求得它的重心位置,可以把它分成三个具有对称结构的三角形,设每个三角形重均为 G_1.其中,上、下两个三角形(图3.32中划有斜线的部分)的重心在对顶点 O;左边三角形的重心位于其三条中线的交点 O_1,它离开顶点 O 的距离等于底边上高的 $\frac{2}{3}$,即

$$OO_1 = \frac{2}{3} \times \frac{a}{2} = \frac{a}{3}$$

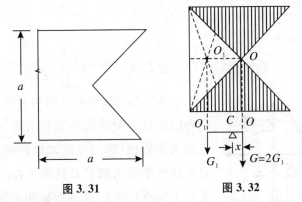

图3.31　　　　图3.32

这样,原来的不规则薄板,就相当于一根长 $OO_1 = \frac{a}{3}$ 的杠杆,两端分别悬挂着重为 G_1 和 $2G_1$ 的两个物体.原来要求确定薄板的重心

位置,也就转化为求取使杠杆 OO_1 平衡时支点的位置. 由

$$2G_1 x = G_1 \cdot \frac{a}{3}$$

得重心位置 C 离开中心 O 的距离为

$$x = \frac{a}{6}$$

(4) 晶体结构

物质结构仿佛是大自然的造化,大自然给人们提供了丰富多彩的结构对称的实例.

如图 3.33 所示,食盐晶体呈立方体形,明矾的晶体是一个八面体,石英的晶体中间是一个六面棱柱,两端是六面棱锥……科学研究指出,各种晶体内部的物质微粒,都会按照一定的规则排列,构成空间点阵,从而使晶体的某些物理性质表现为各向异性,成为区别于非晶体的最大特点.

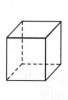
食盐
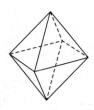
明矾
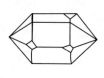
石英

图 3.33

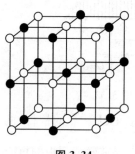

图 3.34

晶体内部物质微粒排列的对称性,使我们得以比较方便地算出某些反映其结构特点的重要数据(称为点阵常数). 例如,根据食盐晶体中的钠离子和氯离子在空间三个互相垂直的方向上,形成等间距的交替排列的关系(图 3.34),这样就能很容易地算出其相邻离子的间距.

因为钠和氯的摩尔质量分别为

$$M_{Na} = 23.0 \times 10^{-3} \text{ kg/mol}$$
$$M_{Cl} = 35.5 \times 10^{-3} \text{ kg/mol}$$

食盐的密度和阿伏伽德罗常数分别为

$$\rho = 2.16 \times 10^3 \text{ kg/m}^3$$
$$N_A = 6.02 \times 10^{23} \text{ mol}^{-1}$$

因此,很容易算出每单位体积中的钠离子和氯离子数均为

$$n = \frac{\rho}{\frac{M_{Na}}{N_A} + \frac{M_{Cl}}{N_A}} = \frac{\rho N_A}{M_{Na} + M_{Cl}} = \frac{2.16 \times 10^3 \times 6.02 \times 10^{23}}{(23.0 + 35.5) \times 10^3} \text{ m}^{-3}$$
$$= 2.22 \times 10^{23} \text{ m}^{-3}$$

可见,每个离子所占的体积为

$$V_1 = \frac{1}{2n}$$

把每个离子所占的体积看成一个小立方体,其边长可以看成等于相邻离子的间距,大小为

$$d = \sqrt[3]{V_1} = \frac{1}{\sqrt[3]{2n}} = \frac{1}{\sqrt[3]{2 \times 2.22 \times 10^{23}}} \text{ m}$$
$$= 2.82 \times 10^{-10} \text{ m}$$

这个间距的数量级与原子的尺度相同.当年,德国物理学家劳厄敏锐地抓住晶体相邻离子的间距可以与 X 射线的波长相比拟的特点,巧妙地设计了用晶体间距作为光栅的实验,既证实了晶体空间点阵的真实性,又证实了 X 射线的衍射现象,一箭双雕,令人叫绝!

(5) 离心调速器

结构对称性并非都是"静态"的,它往往也寓于动态中.离心调速器就是一个很典型的动态对称结构.

图 3.35 是离心调速器的简单结构.通过飞轮传递的动力带动两小球转动,通常在某稳定转速下,连接两小球的摆杆张开一定的角

度.当转速变大时,连接小球的摆杆张开的角度增大,套在竖直转轴上的弹簧被压缩(图中未画出),通过连杆带动汽缸的进气阀,使进入气缸的气体(空气或混合气体)减少,从而使转速降低.

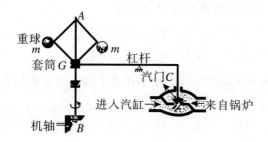

图 3.35

下面这个例题中的装置,与离心调速器类似,可以对动态结构对称进一步有所体会.

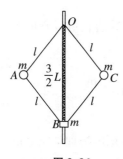

图 3.36

例题(2015 江苏) 一转动装置如图3.36所示,4根轻杆OA、OC、AB、CB与两小球及一小环通过铰链连接,轻杆长均为l,球和环的质量均为m,O端固定在竖直的轻质转轴上,套在转轴上的轻质弹簧连接在O与小环之间,原长为L,装置静止时弹簧长为$\frac{3}{2}L$,转动该装置并缓慢增大转速,小环缓慢上升,弹簧始终在弹性范围内,忽略一切摩擦和空气阻力,重力加速度为g,求:

(1) 弹簧的劲度系数k;

(2) AB杆中弹力为0时,装置的转动角速度;

(3) 弹簧长度从$\frac{3}{2}L$缓慢缩短到$\frac{1}{2}L$的过程中,外界对转动装置所做的功W.

分析与解答 这是一个明显的对称结构装置.转动时两小球带动轻杆,由于结构的对称性,每根轻杆与轴之间的夹角一定相等,因此只需选取一部分进行分析.

(1) 装置静止时弹簧长为 $\frac{3}{2}L > L$,可见它除受到小环的拉力外,同时还受到 AB 和 BC 两根杆的推力.因此,为了计算弹簧的劲度系数 k,可先以 A 球为研究对象.

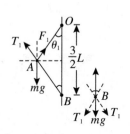

图 3.37

设 OA 杆与轴之间的夹角为 θ_1,静止时 OA、AB 对 A 球的作用力分别为 F_1(拉力)和 T_1(推力),如图 3.37 所示.由水平方向和竖直方向力平衡条件得

$$F_1 \sin \theta_1 - T_1 \sin \theta_1 = 0 \qquad ①$$

$$F_1 \cos \theta_1 + T_1 \cos \theta_1 = mg \qquad ②$$

对小环 B,由力平衡条件得

$$2T_1 \cos \theta_1 + mg = k\Delta x = k\frac{L}{2} \qquad ③$$

联立式①、式②有 $2T_1 \cos \theta_1 = mg$,代入式③,得劲度系数

$$k = \frac{4mg}{L}$$

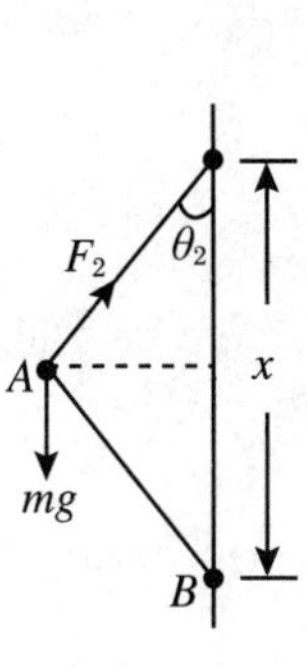

(2) 转动后,设 OA 杆与轴之间的夹角为 θ_2,OA 中的作用力为 F_2,由于 AB 杆中弹力为零,构成圆锥摆式的运动.由小球竖直方向的力平衡和水平方向的圆运动条件(图 3.38),有

$$F_2 \cos \theta_2 = mg \qquad ④$$

$$F_2 \sin \theta_2 = m\omega^2 l \sin \theta_2 \qquad ⑤$$

设此时弹簧的长度为 x,由小环的力平衡条件知

$$mg = k(x - L) \qquad ⑥$$

图 3.38

将上面计算的 k 值代入式⑥,得弹簧长度和 θ_2 的函数关系分别为

$$x = \frac{5}{4}L$$

$$\cos\theta_2 = \frac{\frac{x}{2}}{l} = \frac{5L}{8l}$$

联立式④、式⑤,并代入 $\cos\theta_2$ 值,得角速度

$$\omega = \sqrt{\frac{8g}{5L}}$$

(3)当弹簧长度为 $\frac{L}{2}$ 时,弹簧中的弹力

$$T' = k\Delta x = \frac{4mg}{L} \cdot \frac{L}{2} = 2mg > mg \qquad ⑦$$

此时杆 AB、CB 对小环 B 的作用力是拉力.对小球 A 来说,两侧轻杆对它施的也都是拉力,设其大小分别为 F_3、T_3(图 3.39).令小球 A 的角速度为 ω_3,由力平衡和向心力条件知

$$F_3\cos\theta_3 - T_3\cos\theta_3 = mg \qquad ⑧$$

$$F_3\sin\theta_3 + T_3\sin\theta_3 = m\omega_3^2 l\sin\theta_3 \qquad ⑨$$

式中

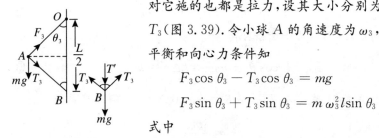

图 3.39

$$\cos\theta_3 = \frac{\frac{L}{4}}{l} = \frac{L}{4l}$$

对小环由力平衡条件得

$$2T_3\cos\theta_3 = mg + T' = 3mg \qquad ⑩$$

联立式⑧～式⑩,并代入 $\cos\theta_3$ 的值,得角速度

$$\omega_3 = 4\sqrt{\frac{g}{L}}$$

弹簧长度从 $\frac{3}{2}L$ 到 $\frac{1}{2}L$ 的过程中,由于弹簧的弹性势能变化恰

好为零,外界对转动装置所做的功 W,完全转化为两小球和环的机械能变化(增量).由小球装置的变化(图 3.40)可知

$$W = mg\left(\frac{3L}{2} - \frac{L}{2}\right) + 2mg\left(\frac{3L}{4} - \frac{L}{4}\right) + 2 \times \frac{1}{2}m(\omega_3 l \sin\theta_3)^2$$

式中 $\sin^2\theta_3 = 1 - \cos^2\theta_3 = 1 - \frac{L^2}{16l^2}$,代入 ω_3 的值,即得

$$W = mgL + \frac{16mgl^2}{L}$$

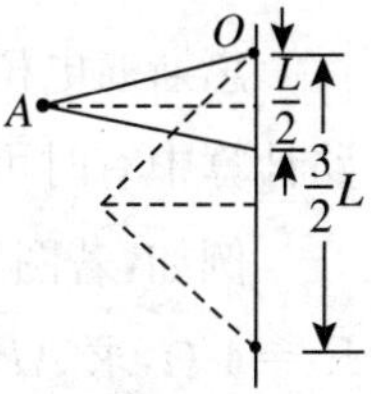

说明 本题综合了胡克定律、共点力平衡、向心力作用以及功能转换等多方面知识,是一道构思极有创意的综合题.并且,求解中始终渗透着结构对称思想.

图 3.40

本题的解答中有几道"坎"需要重视:① 轻杆的作用力——当轻杆的两端受力时(称为二力杆件),其作用力一定沿着杆的方向.② 杆对球 A 的作用力方向——装置静止时,杆 AB 对球施的是推力;装置转动后,杆 AB 对球施的是拉力.③ 弹性势能的大小——仅与形变量(Δx)有关,与伸长或压缩的形变无关.此外,列出功能转化关系时,别遗忘了另一个小球的能量变化.

3.4 电路对称

这是研究电路问题中所特有的一种对称性,表现为电路元件结构的对称性或重复性.电路对称在具体问题中,主要表现为三种形式.

(1) 电桥电路

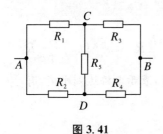

图 3.41

如图 3.41 所示,由五个电阻连接的电路,形如一座桥,称为惠斯通电桥电路.若满足条件

$$R_1 R_4 = R_2 R_3$$

即两对角的电阻之积相等,表示 C、D 两

点的电势相等,则电阻 R_5 中不会有电流,因此可以将 R_5 去掉或者将 R_5 短路(C,D 两点用导线连接起来),不会对电路中的电流、电压产生任何影响. 此时就称为电桥处于平衡状态,上述条件称为惠斯通电桥平衡条件.

惠斯通电桥平衡条件,在物理实验中常用于测量未知电阻,在电路计算中有时可以简化电路.

例如,若图 3.41 电路中,$R_1=6\ \Omega$,$R_2=2\ \Omega$,$R_3=3\ \Omega$,$R_4=1\ \Omega$,$R_5=4\ \Omega$,求 AB 两端间的总电阻.

这里的电阻不是简单的串、并联关系,但如果注意到对角电阻的值恰好满足条件

$$6\times 1 = 2\times 3 \quad 即 \quad R_1R_4 = R_2R_3$$

于是就可以把 R_5 去掉,形成两路并联的电路,得

$$R_{AB} = (R_1 + R_3)\mathbin{/\mkern-6mu/}(R_2 + R_4) = \frac{9}{4}\ \Omega$$

或者,将 R_5 短路,同样得

$$R_{AB} = (R_1\mathbin{/\mkern-6mu/} R_2) + (R_3\mathbin{/\mkern-6mu/} R_4) = \frac{9}{4}\ \Omega$$

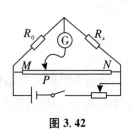

图 3.42

例题 1(2013 安徽) 用图 3.42 所示的电路可以测量电阻的阻值. 图中 R_x 是待测电阻,R_0 是定值电阻,G 是灵敏度很高的电流表,MN 是一段均匀的电阻丝. 闭合开关,改变滑动头 P 的位置,当通过电流表 G 的电流为零时,测得 $MP = l_1$,$PN = l_2$,则 R_x 的值为( ).

A. $\dfrac{l_1}{l_2}R_0$ B. $\dfrac{l_1}{l_1+l_2}R_0$ C. $\dfrac{l_2}{l_1}R_0$ D. $\dfrac{l_2}{l_1+l_2}R_0$

分析与解答 电流表 G 的电流为零时,表示电桥达到平衡,有

$$\frac{R_0}{R_{MP}} = \frac{R_x}{R_{PN}}$$

由于均匀电阻丝的电阻与其长度成正比,上式可写为

$$\frac{R_0}{l_{MP}} = \frac{R_x}{l_{PN}} \quad 即 \quad R_x = \frac{l_{PN}}{l_{MP}} R_0 = \frac{l_2}{l_1} R_0$$

所以正确的是 C.

说明 图 3.42 中串联在干路中的滑动变阻器,起着分压作用,控制电阻丝 MN 两端电压的大小,可以避免因电桥不平衡时有过大电流冲击灵敏电流表而使它损坏.实验中,应该将它的阻值由大逐渐减小,以提高电桥平衡的灵敏度.

有时,在灵敏电流表旁边可再并联一个变阻器,如图 3.43 所示,它起着分流作用,同样是为了避免因电桥不平衡时有过大电流冲击灵敏电流表.实验中,应该将它的阻值由小逐渐增大,直到断开.

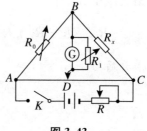

图 3.43

(2) 无限网络电路

这种网络通常都由相同的单元重复连接构成.研究这样的网络,一定要认识它的两个显著特点:

① 结构的无限重复性——意味着不受具体单元变动的影响,n 个单元与 $n-1$ 个单元等效;

② 结构的均匀对称性——意味着从网络中的任何一个节点流入的电流,一定沿各个方向均匀分布.

下面的两个例题,将会使你对研究无限网络的特点,形成更具体的认识.

例题 1 图 3.44 所示的电路由一系列阻值均为 R 的电阻组成.在 CD 两端接入一个电阻 R_x 后,能使 AB 两端的总电阻与"格子数"无关,试求 R_x 的值和 AB 间的总电阻.

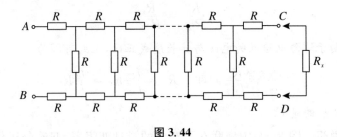

图 3.44

分析与解答 在 CD 两端接入一个电阻 R_x 后,最后一个"格子"变成电阻 R 与 $(R+R_x+R)$ 的并联电路. 要求 AB 两端的总电阻与"格子数"无关,根据其无限重复性,应该使最后一个"格子"的电阻恰好又等于 R_x,即

$$R \mathbin{/\mkern-6mu/} (R+R_x+R) = R_x \quad \text{或} \quad \frac{R(2R+R_x)}{R+(2R+R_x)} = R_x$$

展开后为

$$R_x^2 + 2RR_x - 2R^2 = 0$$

则

$$R_x = \frac{-2R \pm 2\sqrt{3}R}{2}$$

取合理值,分别得

$$R_x = (\sqrt{3}-1)R$$

$$R_{AB} = (2R+R_x) = (\sqrt{3}+1)R$$

例题 2 有一无限大平面导体网络,它由大小相等的正六角形网眼组成,如图 3.45 所示. 所有六边形每边的电阻均为 R_0,试求间隔一个结点的 a、b 两点间的等效电阻值.

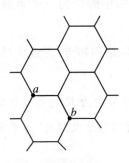

图 3.45

分析与解答 设想有电流 I 从 a 点流入网络,由于对称性,流经 ac 边的电流仅

为 $\frac{I}{3}$. 在 c 点,电流又分成对称的两路,流经 cb 的电流仅为 $\frac{I}{6}$,如图 3.46 所示.

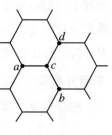

图 3.46

同理,假设有电流 I 从 b 端流出,根据对称性也必然会有 $\frac{I}{3}$ 的电流从 c 流向 b,有 $\frac{I}{6}$ 的电流分别从 a、d 流向 c.

因此,电流从 a 点流入网络,从 b 点流出,就相当于上面的两种情况叠加,流经 $a \to c$ 和 $a \to c \to b$ 的电流应该为

$$I_{a \to c} = \frac{I}{3} + \frac{I}{6} = \frac{I}{2}$$

$$I_{a \to c \to b} = \frac{I}{3} + \frac{I}{6} = \frac{I}{2}$$

则

$$U_{ab} = I_{a \to c} R_0 + I_{a \to c \to b} R_0 = IR_0$$

所以,a、b 两点间的等效电阻为

$$R_{ab} = \frac{U_{ab}}{I} = R_0$$

(3) 一般复杂网络电路

图 3.47 为由 12 根相同的电阻丝构成的正方形网络(图中以 12 个相同的电阻代替). 由于网络中各个元件之间的关系没有表现出明显的串联和并联关系,并且是有限结构,当在某处加上电压或输入电流后,要求各个元件两端的电压或通过的电流时,求解相当困难.

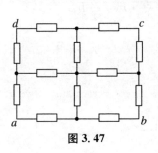

图 3.47

通常,仅在特定的条件下,若其电学参量显示某种对称性,那么就可以进行简化

处理了. 例如, 图 3.47 中的电路, 对 a、c(或 b、d)两个对角项而言, 电路完全对称, 因此 a、c(或 b、d)两个对角项之间的等效电阻就可以借助对称性进行计算. 常用的处理方法有以下几种*.

电流分配法

假设从某一端(如 a 端)流入网络的电流为 I, 则根据对称性很容易判知各个电阻分配到的电流依次为 $\frac{I}{2}$、$\frac{I}{4}$, 如图 3.48 所示.

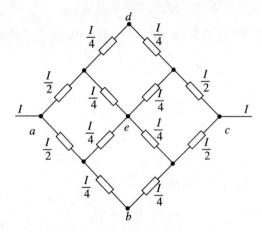

图 3.48　电流分配法

设每个电阻的阻值为 r, 则 a、c 两顶点间的电压

$$U_{ac} = \frac{I}{2} \cdot r + \frac{I}{4} \cdot r + \frac{I}{4} \cdot r + \frac{I}{2} \cdot r = \frac{3}{2} Ir$$

以 R_{ac} 表示 a、c 间的等效电阻, 则

$$U_{ac} = I R_{ac}$$

所以

$$R_{ac} = \frac{U_{ac}}{I} = \frac{\frac{3}{2} Ir}{I} = 1.5 r$$

---

* 本节中主要介绍求解电路对称的几个方法, 具体应用请参阅第 5 章相关内容.

3 中学物理中几种典型的对称

等电势点法

大家知道,两个电阻并联时其两端的电势差一定相等.如果对它做进一步的引申,那么就可以这样认为:电势差相等的两部分电路,具有并联的意义.

等电势法就是基于这样的道理.研究电路时,可以先根据对称性找出网络中的等电势点,然后把各个等电势点连接成等势线,接着就可以画出比较明确的等效电路了.

如图 3.49 所示电路,由于每个电阻的阻值均为 r,由对称性可知,$a_1 a_2$、bed、$c_1 c_2$ 的电势分别相等.将它们连接成等势线(图中虚线所示),于是就可以根据等势线画出如图 3.50 所示的等效电路了.

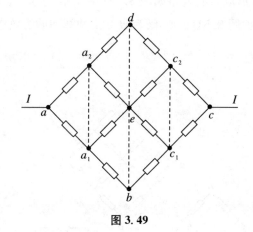

图 3.49

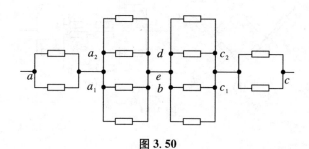

图 3.50

利用这个等效电路,很容易算出 a、c 两端间的等效电阻为

$$R_{ac} = \frac{r}{2} + \frac{r}{4} + \frac{r}{4} + \frac{r}{2} = 1.5r$$

找寻等电势点在研究电路问题中很有意义. 例如, 许多电路常常可根据等电势点判断是否存在"电桥电路"的关系, 从而便于简化计算.

分离节点法

在研究电路问题时, 也可以根据对称性, 把电路中某一个节点分离成电势相等的两点, 从而使原来比较复杂的电路形成明确的串、并联关系.

例如, 对于图 3.51(a) 所示的电路, 可以把节点 e 分为电势相等的两点 e_1、e_2, 形成新的电路如图 3.51(b) 所示. 于是, 立即可以画出其等效电路, 如图 3.51(c) 所示. 因此 a、c 两端间的等效电阻为

$$R_{ac} = \frac{1}{2}[r + (2r \mathbin{/\mkern-6mu/} 2r) + r] = \frac{3}{2}r = 1.5r$$

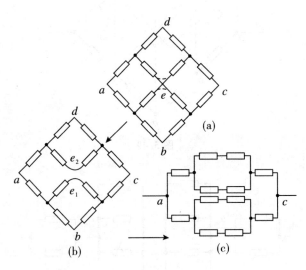

图 3.51

3.5 图像对称

物理图像反映着物理量随时间变化的某种规律.图像或图形的对称性实际上就是相关运动变化过程中对称性的反映.

例如,不计空气阻力时,以初速度 v_0 竖直上抛的物体,它到达最高点后又自由下落,画出其 v-t 图像后可以看出,这个图像形成关于在最高点($t=t_0$,$v=0$)的中心对称性——在最高点前后 Δt 时刻的运动情况对称(图 3.52).例如,在最高点前后相隔 Δt 的时刻的速度大小相等、方向相反,经过的位移大小相等,等等.我们可以从 v-t 图像上找出许多具有对称特性的表现.

图 3.53 是弹簧发生形变时的弹性势能曲线.根据弹性势能的表达式

$$E_p = \frac{1}{2}kx^2$$

当弹簧伸长或压缩(对应于取 $x>0$ 或 $x<0$ 的值)时,弹性势能的大小相等,因此势能曲线表现为对 $x=0$(即弹簧处于原长时)的对称性.

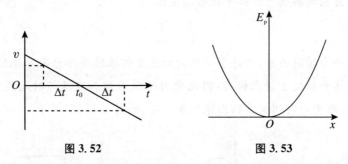

图 3.52　　　　　　　　图 3.53

带电粒子进、出有界匀强磁场时,其运动轨迹和速度往往会表现出很明显的对称特征,如图 3.54 中的各种情况所示.

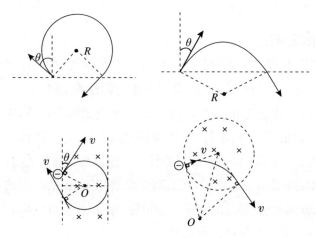

图 3.54

图像或图形对称在中学物理许多部分的内容中都有体现.下面,列举几个具体问题加以体会.

例题 1 一个物体开始处于静止状态,其所受外力与时间的关系如图 3.55(a)所示.请定性作图表示这个物体的加速度与时间的关系、速度与时间的关系.

分析与解答 根据牛顿第二定律

$$a = \frac{F}{m}$$

这是一个瞬时关系,即每个瞬间的加速度都跟随着外力同步变化.由于物体开始处于静止状态,因此受力运动后的加速度与时间关系的图像,跟力与时间关系的图像完全一致,如图 3.55(b)所示.

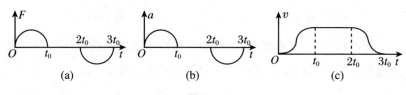

图 3.55

物体从静止开始做变加速运动.其加速度的大小在$\frac{t_0}{2}$附近最大,因此速度随时间变化也得是不均匀的,在$\frac{t_0}{2}$附近速度变化最大,其斜率最大,两端的变化具有对称特性.在$t_0 \sim 2t_0$时间内,加速度为0,物体做匀速运动.在$2t_0 \sim 3t_0$时间内,加速度反向,大小变化情况与$0 \sim t_0$相同.因此整个$0 \sim 3t_0$时间内的v-t图像大致如图3.55(c)所示,前后两段时间内同样具有对称特性.

说明 本题取自2013年清华大学夏令营试题.原题还要求画出这个物体的位移与时间的关系图像,请读者自己考虑.

例题2(2007 广东) 平行板间加如图3.56(a)所示周期变化的电压,重力不计的带电粒子静止在平行板中央,从$t=0$时刻开始将其释放,运动过程无碰板情况.图3.56(b)中,能定性描述粒子运动速度的图像正确的是( ).

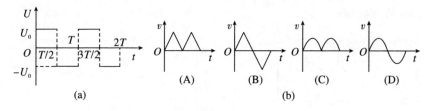

图 3.56

分析与解答 粒子释放后仅受电场力作用(重力不计),其加速度大小恒为

$$a = \frac{qE}{m} = \frac{qU}{dm}$$

可见,选项C、D即可排除.

在时间$t = 0 \sim \frac{T}{2}$内,粒子做初速为零的匀加速直线运动,在$t = \frac{T}{2}$时刻,其速度达到最大值;接着,由于电压的极性反向,粒子沿原方

向做大小仍然为 a 的匀减速直线运动,直至 $t=T$ 时刻,速度恰好减小为零. 以后,又重复上述过程. 所以正确的是 A.

说明 必须注意,无论题中的粒子带正电或负电,它在电场力的作用下,始终做着方向不变的运动. 其 v-t 图像显示出现象的相同、规律的不变,不断地重复正是一种过程对称性的表现.

例题 3 如图 3.57(a)所示,M、N 为两块竖直放置的平行板,相距为 d,两板中间有一个正对的小孔 O、O',在两板间有垂直于纸面的磁场,其磁感应强度随时间的变化如图 3.57(b)所示. 在 $t=0$ 时,有一群正离子从 M 板的小孔 O 垂直射入磁场. 已知正离子的质量为 m、电量为 q,它在磁场中做匀速圆周运动的周期恰好与磁场的变化周期相同(均为 T_0). 假设不计离子的重力和磁场变化的影响,试求:

(1) 磁感应强度 B_0 的值;

(2) 要求正离子垂直 N 板从小孔 O' 射出,它射入磁场时的速度 v_0 的可能值.

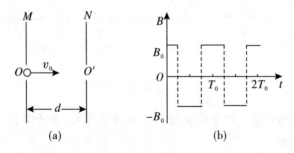

图 3.57

分析与解答 (1) 离子进入磁场后在洛伦兹力作用下做圆周运动,有关系式

$$qv_0 B_0 = m\frac{v_0^2}{R}, \quad T_0 = \frac{2\pi R}{v_0}$$

联立两式,即得磁感应强度

$$B_0 = \frac{2\pi m}{qT_0}$$

（2）由于离子射入磁场后,仅经历 $\frac{T}{4}$ 时间磁场即反向,也就是说离子仅完成 $\frac{1}{4}$ 圆周即反向转动.以后,由于磁场的周期性变化,离子每完成半周就发生一次反向转动.因此,离子在磁场中做的是上下对称的半圆周运动(图 3.58).

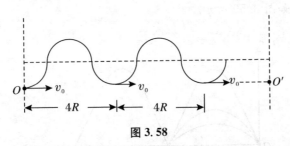

图 3.58

要求正离子从 O' 垂直射出,由图 3.58 可以看出,它在磁场中运动的时间必须是周期的整数倍,即

$$t = nT_0 \quad (n = 1、2、3、\cdots)$$

则

$$d = 4nR \quad 或 \quad R = \frac{d}{4n} \quad (n = 1、2、3、\cdots)$$

于是得入射速度

$$v_0 = \frac{qB_0R}{m} = \frac{q}{m} \cdot \frac{2\pi m}{qT_0} \cdot \frac{d}{4\pi} = \frac{\pi d}{2nT_0} \quad (n = 1、2、3、\cdots)$$

说明 解答时,根据题设磁场的对称性变化,画出离子在磁场中沿对称性轨迹运动的示意图很重要,据此出射状态一目了然(图 3.58 中箭头所示),于是立即可以确定半径 R 与间距 d 的一般关系.

例题 4 试证明:正弦交流电压(或电流)的有效值 U(或 I)与其最大值 U_{max}(或 I_{max})之间的关系为

$$U = \frac{1}{\sqrt{2}} U_{\max}, \quad I = \frac{1}{\sqrt{2}} I_{\max}$$

分析与解答 设一个纯电阻用电器的电阻为 R,将它接入正弦交流电路中,由于电阻上的电压与电流同相,令其瞬时值分别为

$$u = U_{\max} \sin \omega t, \quad i = I_{\max} \sin \omega t$$

则其瞬时功率为

$$P = iu = I_{\max} U_{\max} \sin^2 \omega t = IU - IU \cos 2\omega t$$

它的图像如图 3.59 所示.

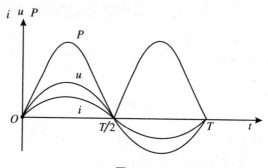

图 3.59

由图像可知,无论在交流电的正半周或负半周,u、i 总是同时为正或同时为负,功率 P 恒大于零.表示纯电阻用电器始终需要从电源吸取能量,转化为内能.因此电阻是一个消耗电能的元件.

利用微元法,把一个周期的时间 T 分割成许多时间元 Δt,每个时间元内的功率可以认为恒定,消耗的电能为

$$\Delta W_i = P_i \Delta t$$

然后,对整个周期内各个时间元求和(积累).可以看到,在一个周期内消耗的电能 W(全部转化为内能 Q),数值上就等于 $P\text{-}t$ 图像下方与 t 轴间的面积.

由于正弦和余弦图像的对称性,$P\text{-}t$ 图像下方的这块面积恰好等于高为 $\dfrac{P_{\max}}{2}$ 的矩形面积(图 3.60).因此,交流电在一个周期内产生的热

量为

$$Q_{交流} = W = \frac{1}{2}P_{\max}T = \frac{1}{2}I_{\max}^2RT$$

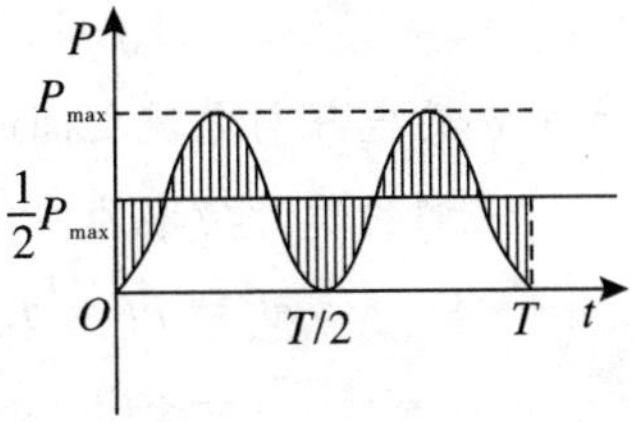

根据交流电有效值的定义，与交流电 $i = I_{\max}\sin\omega t$ 对应的有效值 I 应该满足条件

$$Q_{直流} = I^2RT$$

图 3.60

由 $Q_{交流} = Q_{直流}$，即

$$\frac{1}{2}I_{\max}^2RT = I^2RT$$

得

$$I = \frac{1}{\sqrt{2}}I_{\max}$$

同理可证，正弦交流电压的有效值与最大值的关系为

$$U = \frac{1}{\sqrt{2}}U_{\max}$$

说明 交流电的有效值是根据热效应定义的．使交流电和直流电分别通过同一个电阻，如果在相同的时间内电阻的发热量相同，那么这个直流电就称为交流电的有效值．由于交流电的瞬时值时刻发生变化，在某段时间内电阻上发热量的计算很复杂，所以，关于交流电有效值与最大值之间的关系，通常难以用初等数学方法证明．

上面介绍的利用图像面积的方法，完全在初等数学的范围内，但综合着多种思维技巧．这里，除了利用功率图像的面积关系外，正弦（或余弦）图像的对称性则是简化面积计算的一个关键．不依赖于这个对称性，仍然无法计算．

例题 5 在交流电路中接入纯电感、纯电容，它们为什么不会消耗电能？

分析与解答 为不失一般性，假设通过纯电感或纯电容的交流电流和其两端的电压分别为

$$i = I_{\max}\sin \omega t, \quad u = U_{\max}\sin(\omega t + \varphi)$$

式中 φ 为电压与电流之间的相位差角.

它们的瞬时功率为

$$P = iu = I_{\max}\sin \omega t \cdot U_{\max}\sin(\omega t + \varphi)$$
$$= 2IU\sin \omega t \sin(\omega t + \varphi)$$

利用三角函数中的"积化和差"公式

$$\sin \alpha \sin \beta = \frac{1}{2}\cos(\alpha - \beta) - \frac{1}{2}\cos(\alpha + \beta)$$

上面交流电的瞬时功率可化为

$$P = IU\cos \varphi - IU\cos(2\omega t + \varphi)$$

对于纯电感和纯电容,电流与电压之间相位差角 $\varphi = \dfrac{\pi}{2}$ 或 $\varphi = -\dfrac{\pi}{2}$,代入后即得其瞬时电功率表达式分别为

$$P_L = -IU\cos\left(2\omega t + \frac{\pi}{2}\right) = IU\sin 2\omega t$$

$$P_C = -IU\cos\left(2\omega t - \frac{\pi}{2}\right) = IU\sin 2\omega t$$

它们的图像分别如图 3.61 中(a)和(b)所示.

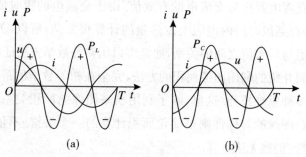

图 3.61

因为纯电感和纯电容的电压与电流之间存在着 $\dfrac{\pi}{2}$ 的相位差,因此它们的 P-t 图像为频率 2ω 的正弦曲线. 图中 $P > 0$ 时,表示它们从

电源吸收能量;$P<0$ 时,表示它们向电源释放能量.

由于正弦曲线的对称特性,横轴上下对应的两块面积的大小相等,这就意味着:一个周期内它们从电源吸收的能量和向电源释放的能量相等.所以,它们在交流电路中并不会消耗能量.

说明 根据能的转换,也可以做这样的定性解释:纯电感和纯电容接入交流电路后,当电流增大时,电流的能量转换为线圈中的磁场能和电容器中的电场能;当电流减小时,线圈中的磁场能和电容器中的电场能又重新释放出来,送回电源.因此,交流电路中的纯电感与纯电容仅起着"能量储运站"的作用,虽然不停地搬运能量,显得忙忙碌碌,却一点也没有消耗电能.

上面我们把中学物理中常见的对称表现归纳为五方面,当然还可以有其他的对称形式和不同的区分方法.不过,实际上如何区分(包括本书的上述区分)都不是很严格的,往往仅是从某一侧面而言.

例如,如图 3.62 所示,一个带电粒子射入圆环形区域的匀强磁场内,经与器壁的三次碰撞后回到出发点,完成一周.从粒子运动的轨迹来说,可称为轨迹对称;把粒子运动的轨迹看成一条有形的细管,也是结构对称;对两顶点 ac 或 bd 的平面来说,可看成镜像对称;等等.

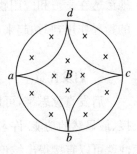

图 3.62

所以,在物理学习中,机械地"死扣"各种区分是没有意义的,也有悖于物理学习的方法和目的.我们提出归纳为若干对称表现,仅是为了便于从对称思想上去剖析问题,希望能够更好地领悟运用对称思想去分析、研究问题,这才是其本意.

4 对称思想对学习和运用物理知识的指导作用

对称思想曾启发了物理学家.它所发挥的巨大作用,已经在物理学史上树立了丰碑.今后,对称思想还将继续推动物理学的发展,指导人们从更深层次上去探索物质结构及宏观世界之谜.

在中学物理学习中,对称思想同样有着重要的地位,常常会自然地渗透在学习和应用物理知识的过程中.它对学习和应用物理知识的指导作用,归纳起来可以有如下四个主要方面.

4.1 启发直觉

启发直觉思维,可以说是对称思想对学习和应用物理知识最直接、最显然的功能.许多问题,有时不必去进行论证,只需要借助对称性就可以直接得出结论.更多的情况下,这种启发直觉的作用,常渗透在分析、研究问题的某个环节,而且往往是作为分析基础的环节,由此可以打开列式、求解的大门.

下面,我们通过几个问题,共同体会一下对称思想在启发直觉方面的作用.

(1) 轨道的支持力

一节质量为 m 的车厢沿平直轨道运行,假设车厢的重心在其对称轴上.根据对称性可以直觉地做出判断,两根轨道对车厢的支持力

4 对称思想对学习和运用物理知识的指导作用

N_1、N_2 大小一定相等,均为 $\dfrac{m}{2}$,如图 4.1(a)所示.

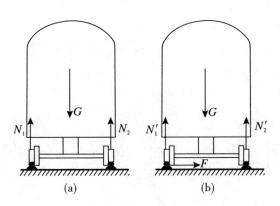

图 4.1

当车厢在水平弯道上运行时,车厢有向着路轨外侧挤压的趋势,外侧轨道就会产生一个指向中心的侧压力 F,由它提供车厢做圆周运动所需要的向心力,如图 4.1(b)所示.

显然,车厢进入弯道后已破坏了原有的对称性,因此从直觉上可以马上做出判断:一定会造成不对称的结果,两轨道对车厢的支持力不再相等[*].

类似于轨道支持力的这种对称性现象,在日常生活现象中司空见惯,都会从直觉上对两侧的压力(或支持力)是否相等做出判断——潜移默化地滋润着对称的思想.在中学物理的静力平衡问题中,这样的现象尤为普遍.例如,下面的这个问题依据对称性思考,从直觉很容易做出判断.

练习题

(1995 上海) 三个相同的支柱上分别搁着三个质量和直径都相等的光滑圆球 a、b、c,支点 P、Q 在同一水平面上. a 球的重心 O_a 位

---

[*] 这个问题的进一步分析,请读者参阅本丛书《猜想与假设》P126~127.

于球心,b 球和 c 球的重心 O_b、O_c 分别位于球心的正上方和球心的正下方,如图 4.2 所示.三球均处于平衡状态.支点 P 对 a 球的弹力为 N_a,对 b 球和 c 球的弹力分别为 N_b 和 N_c,则( ).

A. $N_a = N_b = N_c$ 　　　　B. $N_b > N_a > N_c$

C. $N_b < N_a < N_c$ 　　　　D. $N_a > N_b = N_c$

图 4.2

参考答案:A.

(2) 小环与大环

如图 4.3 所示,用线悬挂一个大圆环,在顶部套有两个小圆环.现在让小圆环同时沿大圆环两侧滑下.若不计摩擦,则当满足一定条件时,下滑的小环会对大环产生向上的作用力,并且会使大环上升,你相信吗?

下面,我们对它做一番探究,同时也可以体会到,对称性在分析中所起的重要作用.

设大环半径为 R、质量为 M,两小环的质量均为 m,它们同时从顶部开始滑下.

由于对称性,两环运动中的速度大小、大环对它们的作用力大小必定始终相同,并且两环必定始终位于同一水平面.若某时刻它们与中心线之间的夹角为 θ,速度大小为 v,受到大环的作用力为 N(图 4.4),则:

对小环有关系式

$$mg\cos\theta - N = m\frac{v^2}{R}$$

4 对称思想对学习和运用物理知识的指导作用

$$mgR(1-\cos\theta) = \frac{1}{2}mv^2$$

联立两式,得

$$N = mg(3\cos\theta - 2)$$

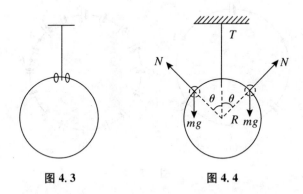

图 4.3   图 4.4

当 $\cos\theta < \frac{2}{3}$ 时,$N<0$,说明此时作用力 N 与图 4.4 中相反.

对大环有关系式

$$T = Mg + 2N'\cos\theta = Mg - 2mg(2-3\cos\theta)\cos\theta$$

要求大环能够上升,必须满足条件 $T \leqslant 0$,临界值为 $T=0$,于是由上式得

$$\frac{1}{3}\left(1-\sqrt{1-\frac{3M}{2m}}\right) \leqslant \cos\theta \leqslant \frac{1}{3}\left(1+\sqrt{1-\frac{3M}{2m}}\right)$$

大环能够升起,表示 θ 有解,因此必须满足质量条件

$$m \geqslant \frac{3}{2}M$$

说明 题中两小环的运动速度、受到的作用力以及所处位置等关系,完全是通过直觉依据对称性思考得来的. 显然,如果没有从直觉形成这个对称关系,也就无法进行分析研究了.

(3) 闭合电池环

如图 4.5(a)所示,用三节相同的干电池,正、负极顺次相连组成

一个闭合环形电路. 如果要求图中 A、B、C 三点中任何两点之间的电势差,则根据对称性立即可以得出结果:

$$U_{AB} = U_{BC} = U_{CA} = 0$$

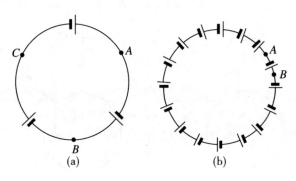

图 4.5

因为既然每个电池都相同,任取两点的位置对每个电池都是等价的,所以结果必然也相同.

这个电路还可以进一步推广:如果有 n 个相同的电池,将它们的正、负极顺次相连组成闭合电路(图 4.5(b)),那么根据对称性同样可以判知,任何一个电池两端之间的电势差必定等于零.

上面根据对称性从直觉上做出判断,虽然是定性的,却同样可靠. 我们可以借助物理原理做进一步的严格论证.

设每个电池的电动势为 E,内电阻为 r,不计连接导线的电阻. 对于三个电池的闭合电路,形成沿顺时针方向的电流为

$$I = \frac{3E}{3r} = \frac{E}{r}$$

以 A、B 两点为例,可以从右边观察(即沿电流方向从 A 到 B 观察),或者从左边观察(即沿电流方向从 B 到 C 再到 A 观察),它们的电路如图 4.6 所示. 根据含源电路的欧姆定律,A、B 两点间的电势差分别为

$$U_{AB} = Ir - E = \frac{E}{r} \cdot r - E = 0$$

$$U_{AB} = -U_{BA} = -(I \cdot 2r - 2E) = 0$$

其结果与前面根据对称性由直觉得出的结论完全相同.

对于 n 个电池的闭合电路,形成沿顺时针方向的电流为

$$I = \frac{nE}{nr} = \frac{E}{r}$$

以 A、B 间一个电池或以其他电池考虑(图 4.7),同理分别有

$$U_{AB} = Ir - E = \frac{E}{r} \cdot r - E = 0$$

$$U_{AB} = -U_{BA} = -(I \cdot nr - nE) = 0$$

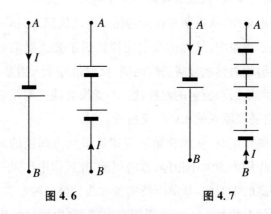

图 4.6　　　　　图 4.7

可见,它们都与根据对称性由直觉得出的结论完全相同.

 **感受美丽**

美丽是一个崇高的词. 物理学中的美,更注重于内涵,注重于简单、和谐、协调等因素.

2002 年经物理学家提名评选的有史以来最美丽的十大物理实验,其共同特点都是用最简单的仪器和设备,发现了最根本、最单纯、

最重要的科学概念,这就是一个最好的典范*.

"对称性"折射着美的光辉,能够让人们感受美丽,同时"对称性"也是人们对美的思考和探索的结果.在物理学中,处处都闪耀着对称的思想,因此,学习物理的过程,可以说也是一个浸润着美、享受着美,荡漾在美的时空世界中的过程.针对中学物理所涉及的主要内容,下面三方面的对称美,往往容易给人更直接、更深刻的印象.

(1) 内容的对称美

在小学的自然课本中,已经知道电有"正电"和"负电",磁铁有"南极"和"北极",它们可以说是人们最早感受的物理中的对称性.以后,随着学习的深入,认识的对称性现象越来越多.

简单声现象中,从单摆和音叉的往返振动认识了振动的对称性.

几何光学现象中,从光的反射定律认识了光反射的对称性——反射线和入射线对称地分居法线两侧,反射角等于入射角;从光路可逆认识了光的反射和折射的对称性——如果光线逆着反射线和折射线入射,必定逆着原来的入射线反射或折射.

学习力的作用时,从牛顿第三定律认识到力作用的对称性——作用力和反作用力的大小相等、方向相反,并且作用在同一直线上.

在电和磁的学习中,从奥斯特实验和法拉第电磁感应现象,认识了电磁现象的对称性——电流周围会有磁场(电生磁),磁场的变化

---

* 最美丽的十大物理实验:在20—21世纪之交,美国纽约大学石契分校哲学系的教员、布鲁克海文国家实验室的历史学家罗伯特·克瑞丝在物理学家中做了一次调查,要求他们提名历史上最美丽的物理实验.2002年9月出版的《物理学世界》刊出了这十大实验.这十大实验中的绝大多数是科学家独立完成的,最多有一两个助手.这种美丽意思是:使用最简单的仪器和设备,发现了最根本、最单纯的科学概念,"抓"住了物理学家眼中"最美丽"的科学之魂.这十大实验按时间先后顺序为:埃拉托色尼测量地球圆周,伽利略的自由落体实验,伽利略的加速度实验,牛顿的棱镜分解太阳光实验,卡文迪许的扭秤实验,托马斯·杨的光干涉实验,让·傅科的钟摆实验,罗伯特·密立根的油滴实验,卢瑟福发现核子的实验,托马斯·杨的双缝演示应用于电子干涉实验.

4 对称思想对学习和运用物理知识的指导作用

会产生电流(磁生电).

在进一步的学习中,又认识到了电场变化与磁场变化的对称性,原子系统的辐射和吸收的对称性,粒子与其反粒子、物质与反物质、正能量与负能量的对称性等.

这些物理内容所显示的对称性,也许在以往的学习过程中并没有直接从对称的含义或者对称的高度去认识它们,但却"润物细无声",让我们在潜移默化中实实在在地感受到了.

(2) 公式的对称美

中学物理有两条重要的守恒定律:机械能守恒定律和动量守恒定律. 如果把一个系统在运动变化前后的机械能分别用 E_1、E_2 表示,动量分别用 p_1、p_2 表示,那么这两条守恒定律分别可以表示为

$$E_1 = E_2$$
$$p_1 = p_2$$

或者,可以更简洁地分别表示为

$$\Delta E = 0$$
$$\Delta p = 0$$

它们的形式非常对称.

我们再来考察三个公式:

万有引力定律公式

$$F \propto \frac{m_1 m_2}{r^2}$$

库仑定律公式

$$F \propto \frac{q_1 q_2}{r^2}$$

安培公式

$$F \propto \frac{I_1 \Delta l_1 \cdot I_2 \Delta l_2}{r^2}$$

这三个公式分别反映了质点之间的相互作用规律、点电荷之间的相互作用规律、电流元($I_1\Delta l_1$、$I_2\Delta l_2$)之间的相互作用规律,它们形式的相似、协调,自然地使我们领略到了对称的美.

物理公式的这种对称美,往往还能够帮助我们理解新知识或者引申出新的想法. 例如:

根据守恒定律的表示方法,如果接触到一个超越目前中学物理教材的守恒量(如动量矩 L),那么满足一定条件下的动量矩守恒,就可以列出同样的表示式

$$\Delta L = 0$$

根据质点、电荷以及电流元的相互作用公式,发现它们隔着一段距离都能够发生相互作用,并且即使在真空里也能传递力的作用,这就容易让我们产生联想:它们究竟是依靠什么作为媒介的? 这种媒介有什么特性? 发生这样的作用需要时间吗? 力与电的作用为什么会如此相似? ……虽然根据联想引发的一系列问题,未必都能得到圆满的解答,但它对思维的发展无疑是十分有益的. 人,就是从这样日积月累的思考中才会逐步变得聪明起来.

物理学从伽利略时代开始作为一门独立的学科以来,在它的前进道路上曾经有过三次大统一——牛顿的万有引力理论统一了天上和地上的运动,能量转化和守恒定律统一了各种不同的运动形式,麦克斯韦电磁场理论统一了光和电磁现象. 三次大统一充分展示了物理学的协调、和谐,随处都会显示着对称的美.

例如,麦克斯韦电磁场理论包括两两对称的四个方程*:

$$\nabla \cdot D = \rho \qquad ①$$

$$\nabla \times E = -\frac{\partial B}{\partial t} \qquad ②$$

---

* 这里列出麦克斯韦方程,仅说明其对称性而已,中学生读者只需大体了解从方程所反映的物理内容.

4 对称思想对学习和运用物理知识的指导作用

$$\nabla \cdot B = 0 \qquad ③$$

$$\nabla \times H = -\frac{\partial D}{\partial t} \qquad ④$$

这里的方程①表示静电场是有源的,电荷为其场源,电场线"有头有尾";方程②表示变化的磁场可以产生电场(感应电场,其电场线是闭合的),这就是法拉第电磁感应定律的反映;方程③表示磁场是无源的,没有产生场的"磁荷",因此磁感线是封闭的曲线,与静电场不同;方程④表示变化的电场(式中 D 是与电场有关的量)可以产生磁场(式中 H 是与磁场有关的量),这就是位移电流的依据.

这一组方程不仅概括了从奥斯特、安培、法拉第到麦克斯韦以来,在电磁领域的研究中所得到的基本规律,更是将其展现得无比的简洁、优美.虽然在中学物理范畴内,目前并不懂得这些数学符号的含义,但方程所显示的对称美,却同样可以使我们感受到物理学的美.

很多科学家都承认,他们在构建某些方程时,不仅会考虑方程所反映的内容,也会很在意方程的形式,往往会刻意去寻求那些简单而富有诗意的形式.麦克斯韦最初列出的方程组经过亥维赛改造为上述形式,就是一个鲜明的事例.

(3) 图像的对称美

在物理学习中离不开图像,其中许多图像常常会显示出对称性.形成这些具有对称特性图像的原因,有些是由物体的受力作用和运动特点所决定的,有些是由实际物体结构的对称所决定的.例如:

运动物体的速度图像

例如,一个物体静止在光滑水平面上.若先对其施加一个向东的恒力 F,历时 1 s,然后保持力的大小不变,方向改为向西,历时 1 s;接着又把力的方向改为向东,力的大小不变,历时 1 s. 以后,不断地如此反复,只改变力的方向,共历时 1 min.

由于这个物体的加速度大小不变,仅是方向变化,而且每次做加

速运动和减速运动的时间都相同,因此在 v-t 直角坐标平面上,这个物体呈现出一个具有对称特性的图像(图 4.8).

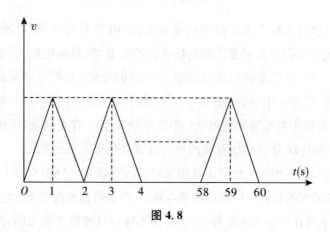

图 4.8

这种由受力作用和运动特性所决定,从而呈现出对称性图像的情况,在中学物理问题中比较普遍.

磁聚焦的对称图形

一束相同的带电粒子,以相同速度平行射入圆形有界磁场,如果粒子在磁场中轨迹圆的半径恰好等于磁场的圆半径,那么所有粒子都会从磁场边界上同一点射出磁场.如图 4.9 所示,从圆形磁场左方垂直于竖直直径方向、平行射入一束粒子,根据粒子的电性,它们在磁场中顺时针向偏转后,都恰好会从竖直直径的端点射出——相当于聚焦在直径的端点,故称为磁聚焦[*].

反之,如果从圆形磁场边界上的某点,以同样大小的速度朝不同方向射入磁场一束带电粒子,并且粒子在磁场中轨迹圆的半径恰好

---

[*] 一般情况下,当一束发散角不大的带电粒子,在平行磁场方向具有相同的速度分量时,经过一个周期后它们会重新会聚在另一点,犹如凸透镜对光束的会聚,这种现象称为磁聚焦.读者可参阅本丛书《类比》一册中 5.3.5 光学显微镜与电子显微镜一节的介绍.

4 对称思想对学习和运用物理知识的指导作用

等于磁场的圆半径,那么粒子都会平行地射出磁场.如图 4.10 所示,从圆形磁场竖直直径的下端以同样大小的速度、朝不同方向射入一束粒子,根据粒子的电性,它们在磁场中顺时针方向偏转后,都垂直于入射点的直径射出磁场——相当于磁聚焦的逆效应,也可以称为磁发散.

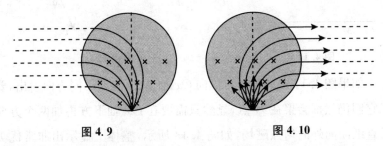

图 4.9　　　　　　　图 4.10

带电粒子在磁场中的这种情况,犹如几何光学中的平行光通过凸透镜后会聚于焦点;通过焦点的光经凸透镜后变成平行光.显然,"平行会聚于一点"和"一点发散成平行",相互之间形成非常优美的对称关系.

利用磁场使带电粒子聚焦和发散的这种特点,技术上常常可以根据具体需要设计特定的磁场,用来约束带电粒子的运动,使它沿着一定的方向出射,或者被束缚在某个区域内.

例如,如图 4.11 所示,在纸面内 Ox 轴上相隔足够距离有 M、N 两点.现在从 M 点以同样大小的速率 v、在纸面内向 Ox 轴上方各个不同方向射入一群电子,要求它们都从 N 点射出.根据磁聚焦和发散的对称特点和电子的电性,只需要设计两个垂直纸面向内的匀强磁场(不能交叠),使电子在这两个磁场中做圆运动的半径恰好与磁场区域的圆半径相等,如图 4.12 所示(图中仅画出在 M 点的入射方

向与平面成 θ 角的电子的轨迹).*

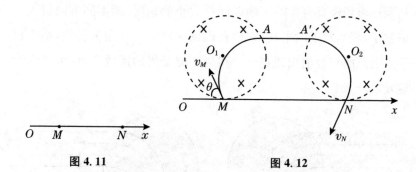

图 4.11　　　　　　　　　　图 4.12

如果图 4.11 中的电子可以向 Ox 轴上、下各个不同方向射出，要求它们仍然都会聚在 N 点，显然只需要在 Ox 轴下方再加两个方向垂直纸面向外的匀强磁场，如图 4.13 所示，整体上显示出非常优美的对称特性.

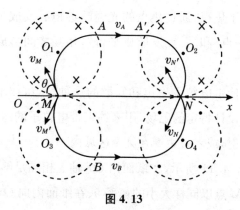

图 4.13

---

* 若 MN 间距为 l，要求这两个磁场不能交叠，则应该满足条件
$$l \geqslant 2R$$
这些电子(电量为 e、质量为 m)在磁场中由洛伦兹力作向心力，则
$$evB = m\frac{v^2}{R} \quad \Rightarrow \quad R = \frac{mv}{eB}$$
因此所加匀强磁场的磁感应强度应该满足条件
$$B \geqslant \frac{2mv}{el}$$

三相交流电的图像

我们知道,一个线圈在匀强磁场中绕中心轴匀速转动(图 4.14),线圈里会产生大小和方向做周期性变化的电流(交流电).若从线圈位于中性面位置(垂直磁感线的位置,如图 4.14 中位置 ad)开始计时,则线圈中产生的感应电动势可表示为

$$e = E_{\max}\sin\omega t$$

其图像如图 4.15 所示.

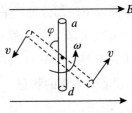
图 4.14 交流电的产生

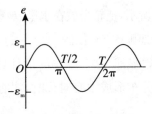
图 4.15 交流电的图像

如果我们用三个相同的线圈,互成 120°角对称地放置在匀强磁场里,使它们绕中心轴匀速转动时,每个线圈里就会产生最大值相同、频率相同的交流电,但各个线圈出现最大值的时间依次相隔 $\frac{1}{3}T$.这样的三个交流电,称为三相交流电.其图像如图 4.16 所示.显然,三相交流电所具有的对称特性,完全是由其结构的对称性所决定的.

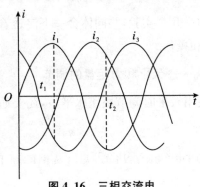
图 4.16 三相交流电

利用物理图像的这种对称性,常常能够非常有效地帮助我们理解有关的物理知识,便于分析和研究各种具体的问题.*

指导实验

由于依据对称性得来的结论无须论证,一般都会被人们认可.因此,它可以为实验创造极为直观、明确的条件.

例如,我国古代工匠为了对轮子质量分布的均匀性进行检查,创造了一个很巧妙的方法——利用水的浮力检查轮子的质量分布.如图 4.17 所示,把轮子放在水里,观察它沉到水面以下的部分是否平正.如果发现哪一方有偏侧,就表示这方的质量分布较大,应该加以修正.

很显然,这个方法的设计思想就基于对称性——只有当轮子的质量分布形成中心对称时,才能在水里处于非常平正的状态.

图 4.17 我国古代利用浮力检查轮子的均匀性

下面,我们列举几个实验,共同体会一下渗透着对称思想的某些物理实验的设计和操作.

(1) 检查平衡——天平和力矩盘的调节

大家知道,使用天平时调节底座水平后,还要通过横梁两侧的螺

---

* 有关图形和图像在中学物理学习中的应用,本丛书《图示与图像》一册做了专题介绍,可予参阅.

母调节横梁的平衡. 实际上, 横梁平衡的调节就是确认对称中心的过程——使横梁系统的对称中心恰好落在中央刀口上.

中学物理中有一个"研究有固定转动轴物体平衡条件"的实验. 实验装置如图 4.18 所示. 改变悬挂在不同位置的砝码和测力计的拉力, 使力矩盘平衡, 从而验证其平衡条件.

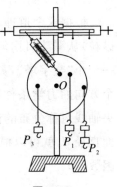

图 4.18

在这个实验中, 无须考虑盘的自重, 势必要求力矩盘应该制作得非常均匀(即质量应该均匀分布), 其重心恰好位于盘的中央, 也就是应该满足中心对称要求.

为了判断力矩盘制作得是否合格, 实验时, 可以将套在轴上的力矩盘转过任意角度, 如果它能平衡在任意位置上, 说明其质量分布确实呈现中心对称, 实验中就可以不考虑其自重对转轴产生的力矩作用了.

显然, 这样的操作跟古人利用浮力检查轮子的均匀性一样, 都渗透着对称思想.

(2) 动手做个小实验——估测米粒(或砂粒)间的摩擦因数

在物理学中, 根据物体在斜面上的平衡条件, 很容易测定物体与斜面间的(静)摩擦因数.

如图 4.19 所示, 在斜面上放一木块, 然后逐渐增大斜面的倾角. 假设当倾角 $\theta = \theta_{max}$ 时, 木块恰好处于将滑未滑状态, 那么这时木块与斜面间的摩擦力达到最大值(最大静摩擦力). 根据力平衡条件易知, 最大静摩擦力为

$$f_{max} = G_1 = G\sin\theta_{max}$$

此时木块对斜面的压力大小为

$$N = G_2 = G\cos\theta_{max}$$

因此木块与斜面之间的静摩擦因数为

$$\mu_0 = \frac{f_{max}}{N} = \frac{G\sin\theta_{max}}{G\cos\theta_{max}} = \tan\theta_{max}$$

可见,只需要测出倾角 θ_{max},就可算出摩擦因数.

根据这个道理,可以在家里用硬纸板做个小漏斗,让米粒(或砂粒)从漏斗口均匀地逐渐下落.它们在水平桌面上会自然地形成一个小"金字塔",如图 4.20 所示. 由于米粒(或砂粒)下落时在各个方向的力学条件可以认为是相同的,于是一定形成一个相对中央轴线对称分布的锥体. 因此,只需测出米锥(或砂锥)的高 h 和底面直径 d,就可以根据上面的表达式算出米粒(或砂粒)间的静摩擦因数,即

$$\mu_0 = \tan\theta = \frac{h}{\frac{d}{2}} = \frac{2h}{d}$$

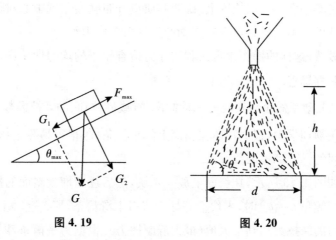

图 4.19　　　　　　　　图 4.20

(3) 显示晶体与非晶体导热性的差异

在学习晶体特性时常常会做这样的一个实验:在一块云母片和一块玻璃片上分别均匀地涂以薄薄的一层石蜡,然后用一根烧烫的针(或金属小球)去接触它们的反面. 根据石蜡熔化成的图形是否具有中心对称性,就可以判断它们导热性的特点.

4 对称思想对学习和运用物理知识的指导作用

实验结果如图 4.21 所示,在玻璃片上的石蜡形成一个圆形,在云母片上的石蜡形成一个椭圆形.圆形是一个中心对称图形,表示当玻璃在某处受热后,向各个方向传导热的本领相同,即其导热性各向同性;椭圆不是中心对称图形,沿长轴方向熔化得快,沿短轴方向熔化得慢,表示云母的导热性是各向异性的——有的方向导热能力强,有的方向导热能力弱.

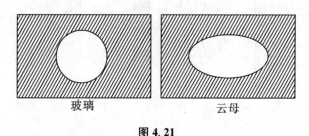

图 4.21

(4) 获得相干光源

19 世纪初,对光的本性研究中,英国物理学家托马斯·杨巧妙地设计了一个双缝干涉的实验.其原理如图 4.22(a)所示.将一束光通过小孔(或狭缝)a 照射到两个相距很近的狭缝 b、c 上,这两个狭缝可以认为处于以小孔 a 为点光源的同一个波阵面上,它们的振动状态(位相)相同、频率相同(从同一束光分离出来),相当于形成两个相干光源.因此从两狭缝 b、c 射出的光在屏上一定位置处就会产生干涉,形成相对中央对称分布的明暗相间的干涉条纹.

杨氏实验中的双缝(或双孔)b、c 对称分布在小孔上下两侧(或左右两侧),在这个基础上还可以做一个很有意思的实验:在上下分布的双缝中央放置一块平面镜(镜面向上),遮挡住下面的孔(或缝)c,使得从点光源小孔 a 处发出的光不能直接到达 c,屏上却依然能够呈现明暗相间的干涉条纹.这时在屏上 P 处形成干涉的两束光,一束是从上面的小孔(或缝)b 直接发出的,另一束是从平面镜上反射的.根据平面镜反射的对称性,从平面镜反射的这束光,相当于从小孔(或缝)c发出的,因此仍然能够产生干涉*(图4.22(b)).

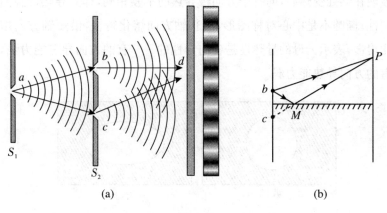

(a)　　　　　　　　　　　(b)

图 4.22

杨氏实验有着很重要的科学地位. 不仅可以认为是证明光具有波动性的判决性实验, 对复兴波动说有着决定性的意义, 而且也指出了得到相干光的简单方法——要求两束光"同出一源".

依据杨氏双缝实验的思想, 我们可以设计其他新的实验. 下面这两个实验方法, 将对称思想与杨氏"同出一源"的思想完美地结合, 简单直观, 让人赞美不已.

菲涅耳双面镜法

菲涅耳双面镜法的实验装置如图4.23所示. 从点光源S射到一对紧靠在一起、形成很小夹角的平面镜M_1、M_2上, 在镜后与S对称的地方形成点光源的两个虚像S_1、S_2. 因此, 从点光源S发出经两平面镜M_1、M_2反射后的光, 相当于是从两个虚像光源S_1、S_2发出的.

---

* 由于从平面镜反射的这束光, 它从光疏介质(空气)射到光密介质(反射镜)的界面反射时, 反射光有相位突变π(称为半波损失), 因此屏上所呈现的干涉条纹, 其亮纹与暗纹的位置与没有平面镜遮挡时恰好对调.

4 对称思想对学习和运用物理知识的指导作用

由于它们都是从同一光源分割出来的,且 S_1、S_2 靠得很近,因此它们的反射光能满足相干光的条件,于是在屏上一定区域内叠加后就会产生干涉.

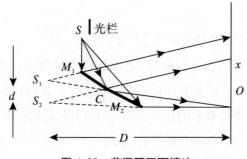

图 4.23 菲涅耳双面镜法

劳埃德镜法

劳埃德镜法的实验装置如图 4.24 所示. 从点光源 S 发出的光,一部分直接投射到光屏上,另一部分掠入射到平面镜上,经平面镜反射后到达屏上. 从平面镜反射的光也可以看成是从它镜后的像 S' 发出的,由于这束反射光是从原来点光源所发出的光中分离出来的,因此两束光的频率一定相同.*

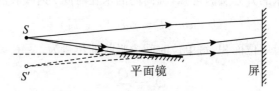

图 4.24 劳埃德镜法

---

* 这里介绍的菲涅耳双面镜和劳埃德镜,从基本原理来说,都是属于分波前的方法. 也就是说,它们都是将点光源(或狭缝光源)所发出光的某个波前分割为两部分,使它们分别通过某种光具的反射、折射后交迭起来,从而在一定区域产生干涉. 在这两个方法中,S_1、S_2 与 d 都跟杨氏双缝干涉相对应,因此条纹的间距同样可以利用杨氏双缝的公式进行计算.

由于入射方向与镜面间形成很小的夹角,光源 S 与其在平面镜中的像 S' 靠得很近,相当于杨氏双缝实验中的两个光源,即满足相干光源条件. 因此,从它们射出的光在屏上一定区域内叠加后,就会产生干涉.

(5) 估测太阳的辐射功率

取一个截面积为 S 的圆筒,里面盛有质量为 m 的水,测出水的温度 T_1;然后在太阳光下垂直照射一段时间 t,再测出水的温度 T_2. 从物理学手册查阅到水的比热 c 和太阳离开地球的距离 r. 由于射到地球大气顶层的太阳光会被吸收、散射等原因,其中只有部分到达地面,设为 η. 有了这些数据,就可以进行估算了.

假设太阳的总功率为 P,它的辐射可以认为是以太阳为中心所形成的一种空间中心对称. 因此,对地球来说,相当于太阳所辐射的全部能量均匀地分布在半径为 r 的球面上. 地面上每单位面积所得到的太阳光功率为

$$W_1 = \frac{\eta P}{4\pi r^2}$$

根据水的升温实验可知,圆筒内的水在时间 t 内吸收的热量为

$$Q = cm\Delta T = cm(T_2 - T_1)$$

则地面上每单位面积、每单位时间内吸收的热量为

$$Q_1 = \frac{Q}{St}$$

不考虑筒的吸热等其他的热损失,则 $Q_1 = W_1$,即

$$\frac{Q}{St} = \frac{\eta P}{4\pi r^2}$$

得太阳功率为

$$P = \frac{4\pi r^2 cm(T_2 - T_1)}{St\eta}$$

4 对称思想对学习和运用物理知识的指导作用

若取实验数据 $S=3\text{ dm}^2, m=1\text{ kg}, t=15\text{ min}, \Delta T=T_2-T_1=3.9\text{ °C}, c=4.2\times10^3\text{ J/(kg·°C)}, r=1.5\times10^{11}\text{ m}, \eta=45\%$,则得太阳的总功率为

$$P = 3.8 \times 10^{26}\text{ W}$$

说明 根据现代宇宙学的观点,维持太阳辐射的是它内部的核聚变反应.其核反应方程是

$$2e + 4{}_1^1\text{H} \longrightarrow {}_2^4\text{He} + \Delta E$$

释放的核能 ΔE 最后转化为辐射能.上述实验虽然很简单、粗糙,但得到的数量级同样有着一定的参考意义.

4.4 辅助解题

对称思想在中学物理中最具体的应用就是辅助解题实践.

它在解题中的辅助作用,除了同样能启发直觉外,其功能主要可以归纳为两方面:(1)利用对称的图像和图形;(2)利用对称的物理特性.这两方面的功能往往互相渗透、交织在一起,相辅相成,往往可有效地启发你很容易地找到解题的入口,或者有助于化解疑难,简化运算.

对称思想在解题中的应用在第 5 章中将有专题介绍,下面,结合上述两方面功能选用两个问题为例初步领略一下.

例题 1 如图 4.25 所示,A、B 是一对中间开有小孔的平行金属板,两小孔的连线与板面垂直,间距为 l.现在两板间加上低频交流电压,A 板电势为零,B 板电势为 $u=U_0\cos\omega t$.在 $t=0$ 时有一电子从 A 板的小孔静止释放进入电场.不计重力的影响,试分析电子的运动情况:什么条件下在两板间来回振动?什么条件下会穿出 B 板?

分析与解答 由于两板间的电压为 $u=U_0\cos\omega t$,因此板间场强和电子所受的电场力分别为

$$E = \frac{u}{l} = \frac{U_0}{l}\cos \omega t$$

$$F = eE = \frac{eU_0}{l}\cos \omega t$$

可见电子受到的是一个按照余弦规律变化的电场力,其加速度也同样按照余弦规律变化,即

$$a = \frac{F}{m} = \frac{eU_0}{ml}\cos \omega t = a_{max}\cos \omega t$$

其图像如图 4.26(a)所示.根据加速度图像就可以画出它的速度图像,如图 4.26(b)所示*.

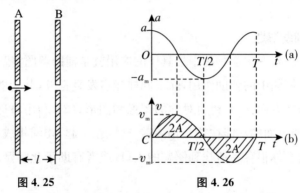

图 4.25　　　　　　图 4.26

由于速度图像与 t 轴间的一块面积表示相应时间内的位移,根据余弦函数图像的对称性,在前后两个 $\frac{T}{2}$ 内的面积对应的位移为 $\pm 2A$(A 为振幅),电子从 A 板小孔开始,在 $\frac{T}{2}$ 内向 B 板运动的最大位移等于 $2A$,因此:

当 $l > 2A$ 时,电子将以 A、B 某处为平衡位置来回振动;

当 $l < 2A$ 时,电子从小孔释放后一直向着 B 板运动,直到最后穿出 B 板.

---

* v-t 图可以通过对 a-t 图的定性分析得到.熟悉用参考圆描述简谐运动(或熟悉微积分)的同学,很容易得到速度随时间的变化规律为 $v = v_{max}\sin \omega t$.

4 对称思想对学习和运用物理知识的指导作用

例题 2(2006 广东) 宇宙中存在一些离其他恒星较远的、由质量相等的三颗星组成的三星系统,通常可忽略其他星体对它们的引力作用.已观测到稳定的三星系统存在两种基本的构成形式:一种形式是三颗星位于同一直线上,两颗星围绕中央星在同一半径为 R 的圆轨道上运行;另一种形式是三颗星位于等边三角形的三个顶点上,并沿外接于等边三角形的圆形轨道运行.设每个星体的质量均为 m.

(1) 试求第一种形式下,星体运动的线速度和周期;

(2) 假设两种形式星体的运动周期相同,第二种形式下星体之间的距离应为多少?

分析与解答 (1) 当三颗星位于同一直线上时,在圆轨道上星球以中央星和圆轨道上另一颗星的共同引力,作为绕中央星转动的向心力(图 4.27). 由

$$G\frac{m^2}{R^2}+G\frac{m^2}{(2R)^2}=m\frac{v^2}{R}=m\frac{4\pi^2 R}{T^2}$$

得其线速度和运动周期分别为

$$v=\sqrt{\frac{5Gm}{4R}}$$

$$T=4\pi R\sqrt{\frac{R}{5Gm}}$$

(2) 当三颗星位于等边三角形的三个顶点上时,相对外接圆的圆心,三颗星呈对称分布,每一颗星以另外两颗星引力的合力作为向心力,如图 4.28 所示.

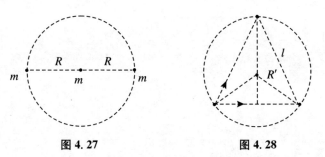

图 4.27 图 4.28

设星体的间距为 l,绕外接圆圆心的运动半径为 R',周期为 T',

由图 4.28 结合对称性可知

$$2G\frac{m^2}{l^2}\cos 30° = m\frac{4\pi^2 R'}{T'^2}$$

式中

$$R' = \frac{\frac{l}{2}}{\cos 30°} = \frac{l}{\sqrt{3}}$$

联立两式,得运动周期

$$T' = 2\pi l\sqrt{\frac{l}{3Gm}}$$

根据题设条件,$T' = T$,即

$$2\pi l\sqrt{\frac{l}{3Gm}} = 4\pi R\sqrt{\frac{R}{5Gm}}$$

得间距为

$$l = \sqrt[3]{\frac{12}{5}}R$$

说明 三颗星由于互相吸引,只有当它们旋转时利用相互间的引力作为向心力,才不致相互吸引在一起.三星现象很受天文学家重视,也很诱人.对三星现象的研究比较复杂,本题中作了简化,有兴趣的读者请自行查找有关资料进一步学习.

5 对称思想在中学物理解题中的应用

在分析与解答具体物理问题时,常常会运用到对称思想.它可以起到帮助你打开解题思路或者化难为易、化繁为简的功效.为便于阅读和领会,我们根据知识内容和应用特点,分为几个小专题演解.

5.1 平衡的对称性

当物体处于静止、匀速直线运动状态或匀速转动状态,即物体无任何(平动的或转动的)加速度时,称这个物体处于平衡状态.因此,平衡状态的唯一标志,就是物体的加速度等于零(不是速度等于零).针对不同的研究对象,对应着不同的平衡条件:

以质点为对象,在共点力作用下的平衡条件是,作用在物体上的所有外力的合力等于零,即

$$\sum F = 0 \quad (矢量和)$$

以刚体为对象,有固定转动轴时的平衡条件是,外力对转轴的力矩之和等于零,即

$$\sum M = 0 \quad (代数和)$$

以刚体为对象,一般情况下的平衡条件,需要同时满足合力等于零和合力矩等于零两个条件,即

$$\sum F = 0, \quad \sum M = 0$$

下面列举的平衡中的对称性问题,以适应目前教学要求的共点力平衡为主.

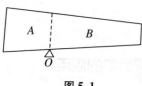

图 5.1

例题 1　一根密度均匀、截面为圆形,由粗逐渐变细的长棒,使它呈水平平衡状态支起来(图 5.1).如通过支点 O 沿垂直轴线方向把它截为两段 A 和 B,这两段的重力分别为 G_A 和 G_B,则(　　).

A. $G_A > G_B$　　　　B. $G_A = G_B$
C. $G_A < G_B$　　　　D. 上述三种情况都可能

分析与解答　由于长棒的粗细均匀变化,因此可把细段截成两段 B_1 和 B_2,令其中的 B_1 段与 A 段等长.同时,把 A 段分成两部分 A_1 和 A_2,使 A_1 和 B_1 对称(图 5.2).由于 A_2 部分的重心必在 A_1 区域内,它显然比 B_2 部分的重心离支点 O 近一些,A_2 部分的重力 G_{A_2} 必定大于 B_2 部分的重力 G_{B_2},因此有

$$G_{A_1} + G_{A_2} > G_{B_1} + G_{B_2}$$

即

$$G_A > G_B$$

所以正确的是 A.

说明　一些同学认为:棒呈水平平衡状态时,其重心 C 必在通过支点 O 的竖直线上.由于粗端重心 C_1 比细端重心 C_2 离公共重心 C 更靠近一些(图 5.3),所以根据杠杆平衡原理(即力矩平衡原理)可知,粗端重力 G_A 一定比细端重力 G_B 大,正确的是 A.

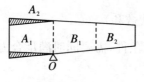

图 5.2

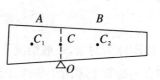

图 5.3

这是一种很常见的分析判断方法,不过,仔细推敲起来,其理由并不充分. 因为截成的 A、B 两段,同样具有从粗逐渐变细的几何形状,粗端重心 C_1 必偏向 A 的左端,细端重心 C_2 偏向 B 的左端,这样就没有充分理由认为一定满足条件 $CC_1 < CC_2$,它们的重力也就不一定满足条件 $G_A > G_B$. 但若采用上面对称思想求解,则既严谨又直观,非常巧妙.

例题 2 为了测量牵引电梯等机械的绳索中的张力,一家公司制造出了一种仪器,只需夹在绳上而不必到绳端去测量. 如图 5.4 所示,BC 为一根待测张力的绷紧绳子,使用该仪器测量时,将绳子中点 A 处顶起,使它产生一个微小的偏移量 a,从仪器上测得绳子对 A 处的压力 F_N,从而可推导出绳中的张力. 试推导出绳子张力的表达式,并以偏移量 $a = 12$ mm,BC 间的距离 $2L = 250$ mm,绳对 A 处的压力 $F_N = 300$ N,算出张力的大小.

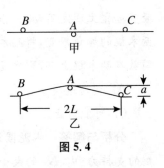

图 5.4

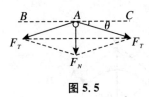

图 5.5

分析与解答 如图 5.5 所示,将绳对 A 处的压力 F_N 沿着绳子的两侧分解成两个分力,由对称性知,两侧绳中的张力一定相等,画出力的平行四边形为一菱形(图 5.5). 设绳与水平方向间的夹角为 θ,则

$$2F_T \sin \theta = F_N$$

$$\sin \theta = \frac{a}{\sqrt{a^2 + L^2}}$$

得

$$F_T = \frac{\sqrt{a^2 + L^2}}{2a} F_N$$

由于 $a \ll L$，上式可近似为

$$F_T = \frac{L}{2a} F_N$$

代入题中数据得

$$F_T = \frac{L}{2a} F_N = \frac{125}{2 \times 12} \times 300 \text{ N} = 1.56 \times 10^3 \text{ N}$$

例题 3 如图 5.6 所示，两根直木棍 AB、CD 相互平行，斜靠在竖直墙壁上固定不动，一根水泥圆筒从木棍的上部匀速滑下. 若保持两木棍的倾角不变，将两木棍间的距离减小后固定不动，仍将水泥圆筒放在两木棍上部，则水泥圆筒在两木棍上将(　　).

A. 仍匀速滑下　　　　B. 匀加速滑下

C. 可能静止　　　　　D. 一定静止

分析与解答　水泥圆筒从两木棍上滑下时，由对称性可知，两木棍的支持力 N_1、N_2 的大小相等，令 $N_1 = N_2 = N$，设 N_1、N_2 间的夹角为 2θ (图 5.7)，则由竖直方向的力平衡条件和匀速下滑的条件可得

$$2N\cos\theta = mg\cos\alpha$$
$$mg\sin\alpha = 2f = 2\mu N$$

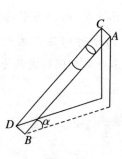

图 5.6

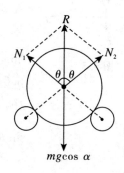

图 5.7

当两木棍靠近时，夹角 θ 变小，水泥圆筒对两木棍的压力变小，摩擦力变小 ($f' < f$)，而水泥圆筒的下滑分力不变，因此

$$mg\sin\alpha > 2f'$$

可见,水泥圆筒就会向下做匀加速运动,B 正确.

例题 4 如图 5.8 所示,一条质量为 m 的均质链挂在等高的两端,悬挂链两端的切线方向与水平方向间的夹角为 θ,试求链最低处两部分间的相互作用力的大小.

图 5.8

分析与解答 由于这条均质链悬挂时对通过最低点的竖直线呈对称分布,因此两端点的拉力 T_1、T_2 的大小必定相等,最低处的左右两部分间的相互作用力必定沿水平方向.分别画出整条链和半条链的受力图,如图 5.9(a)和(b)所示.

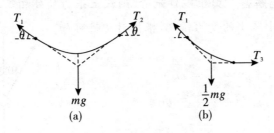

图 5.9

根据整条链在竖直方向和水平方向上的受力平衡条件,有

$$T_1\sin\theta + T_2\sin\theta = mg$$
$$T_1\cos\theta = T_2\cos\theta$$

得

$$T_1 = T_2 = \frac{mg}{2\sin\theta}$$

再以半条链为研究对象,由水平方向的平衡条件知

$$T_3 = T_1\cos\theta$$

代入上述结果即得

$$T_3 = \frac{mg}{2\tan\theta}$$

例题 5(2003 全国理综) 如图 5.10 所示,一个半球形的碗放在桌面上,碗口水平,O 点为其球心,碗的内表面及碗口是光滑的.一根细线跨在碗口上,线的两端分别系有质量为 m_1 和 m_2 的小球.当它们处于平衡状态时,质量为 m_1 的小球与 O 点的连线与水平线的夹角为 $\alpha = 60°$,两小球的质量比 $\dfrac{m_2}{m_1}$ 为( ).

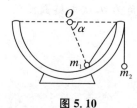

图 5.10

A. $\dfrac{\sqrt{3}}{3}$ B. $\dfrac{\sqrt{2}}{3}$ C. $\dfrac{\sqrt{3}}{2}$ D. $\dfrac{\sqrt{2}}{2}$

分析与解答 由于碗口光滑,细线上张力处处相等,均为 $T = m_2 g$.考虑小球 1 的受力情况,根据对称性可知(图 5.11)

$$N = T = m_2 g$$
$$2T\cos 30° = m_1 g$$

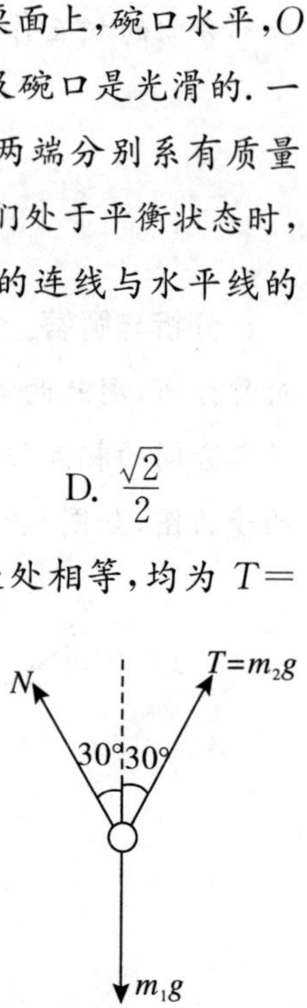

即

$$2m_2 g\cos 30° = m_1 g$$

得

$$\frac{m_2}{m_1} = \frac{\sqrt{3}}{3}$$

图 5.11

所以正确的是 A.

例题 6(2009 江苏) 用一根长 1 m 的轻质细绳将一幅质量为 1 kg 的画框对称悬挂在墙壁上(图 5.12).已知绳能承受的最大张力为 10 N.为使绳不断裂,画框上两个挂钉的间距最大为( ).

A. $\dfrac{\sqrt{3}}{2}$ m　　B. $\dfrac{\sqrt{2}}{2}$ m　　C. $\dfrac{1}{2}$ m　　D. $\dfrac{\sqrt{3}}{3}$ m

分析与解答　由于对称性,两绳的拉力 T_1、T_2 一定大小相等,设 $T_1 = T_2 = T$. 以画框为研究对象,并把两绳的拉力作用点平移到画框的重心上,画框的受力图如图 5.13 所示. 由平衡条件知

$$2T\cos\alpha = mg$$

考虑到 $T_1 = T_2 \leqslant 10$ N,因此

$$\cos\alpha = \dfrac{mg}{2T} \geqslant \dfrac{1\times 10}{2\times 10} = \dfrac{1}{2}$$

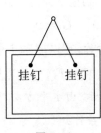

图 5.12

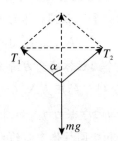

图 5.13

设两个挂钉之间的距离为 x,则有

$$\sin\alpha = \dfrac{\dfrac{x}{2}}{\dfrac{1}{2}} = x$$

得

$$x \leqslant \sqrt{1-\cos^2\alpha} = \dfrac{\sqrt{3}}{2} \text{ m}$$

所以正确的是 A.

说明　如果一些同学对把力平移到重心上不理解,也可以选取墙壁上的柱子为研究对象,画出的受力图如图 5.14 所示,这样就非常直观明白了.

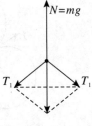

图 5.14

例题 7 在水平地面上放有两个刚接触但未曾相互挤压的相同圆柱体 A、B，现在它们的上面再轻轻对称地放上第三个相同的圆柱体 C（图 5.15）. 已知圆柱体与地面间的摩擦因数为 μ_2，圆柱体之间的摩擦因数为 μ_1，且不计滚动摩擦. 为使三个圆柱体都处于平衡状态，μ_1 和 μ_2 必须满足什么条件？

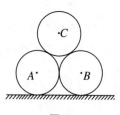

图 5.15

分析与解答 三圆柱体呈对称结构，上面的圆柱体 C 受到下面两个圆柱体 A、B 的支持力和摩擦力一定各自相等，分别表示为 N_1 和 f_1，如图 5.16 所示. 设圆柱体的重力为 G，由竖直方向的力平衡条件知

$$2N_1\cos 30° + 2f_1\sin 30° - G = 0 \qquad ①$$

下面两个圆柱体的受力情况完全对称，可以选取其中的 A 为研究对象. 它受到 C 的压力 $N_1'(=N_1)$、摩擦力 $f_1'(=f_1)$，地面的支持力 N_2 和地面的摩擦力 f_2，如图 5.17 所示. 由水平方向、竖直方向的力平衡条件和绕圆柱体中心的力矩平衡条件知

$$f_1\cos 30° + f_2 - N_1\cos 60° = 0 \qquad ②$$

$$N_2 - G - f_1\sin 30° - N_1\cos 30° = 0 \qquad ③$$

$$f_1 R - f_2 R = 0 \qquad ④$$

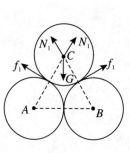

图 5.16

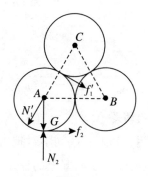

图 5.17

联立上述四式，即可解得

$$N_1 = \frac{1}{2}G, \quad N_2 = \frac{3}{2}G$$

$$f_1 = f_2 = \frac{G}{2(2+\sqrt{3})}$$

根据静摩擦力的特点,其必须满足条件

$$f_1 \leqslant \mu_1 N_1, \quad f_2 \leqslant \mu_2 N_2$$

因此 μ_1 和 μ_2 必须满足的条件为

$$\mu_1 \geqslant \frac{1}{2+\sqrt{3}}, \quad \mu_2 \geqslant \frac{1}{3(2+\sqrt{3})}$$

例题 8 质量为 m、长为 l 的三根相同的均质细棒对称地搁在地面上,三棒的顶端 O 重合,底端 A、B、C 的间距均为 l,如图 5.18 所示. 求 A 棒顶端所受作用力 F 的大小.

分析与解答 三根棒的顶端靠在一起,由对称性知,其中任何一根棒的顶端受到其他两根棒作用力的合力一定沿水平方向. 以 A 棒为研究对象,B、C 两棒对它的力 F 水平向左(图 5.19). 取 BC 边的中点 D,连接 AD、OD,由几何关系知

$$AD = OD = \frac{\sqrt{3}}{2}l, \quad \cos\theta = \frac{\sqrt{3}}{3}$$

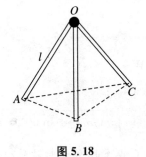

图 5.18

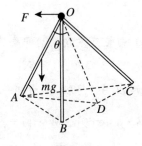

图 5.19

列出 AO 棒以 A 点为轴的力矩平衡方程

$$Fl\sin\theta - mg \cdot \frac{l}{2}\cos\theta = 0$$

得作用力

$$F = \frac{\sqrt{2}}{4}mg$$

说明 本题取自 2009 年清华大学自主招生试题之(1),原题还有:(2) 若有质量也为 m 的小球,视为质点,固定在 OA 棒的中点,三棒仍保持不动,这时 OA 棒顶端所受的作用力 F 的大小又为多少?(3) 在(2)的情况下,地面与棒中间的动摩擦因数 μ 至少为多少?请有兴趣的同学相互讨论、求解.

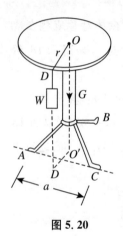

图 5.20

例题 9 一个桌面半径为 r 的三脚圆凳,重为 G,重心在通过桌面圆心的轴线上,三个脚之间的距离均为 a.现将一个重为 W 的物体竖直悬挂在桌面边缘,且 OD 垂直于 A、C 两脚的连线(图 5.20). 试求:

(1) 三个凳脚对水平地面的压力;

(2) W 为何值时凳子将倾倒?

分析与解答 设地面对三个凳脚的支持力分别为 N_A、N_B、N_C,它们与凳子的重力、悬挂物的重力 W 构成一个空间平行力系,如图 5.21(a) 所示.

(1) 由竖直方向的力平衡得

$$N_A + N_B + N_C - W - G = 0 \qquad ①$$

假设以 AC 为轴,由力矩平衡得

$$N_B \cdot a\sin 60° + W \cdot \left(r - \frac{1}{3}a\sin 60°\right) - G \cdot \frac{1}{3}a\sin 60° = 0 \qquad ②$$

根据题设条件 $OD \perp AC$,因此 A、C 两凳脚处于对称的位置,地面对 A、C 两凳脚的支持力必定相等,即

$$N_A = N_C \qquad ③$$

由式②得地面对凳脚 B 的支持力

$$N_B = \frac{G+W}{3} - \frac{2Wr}{\sqrt{3}a}$$

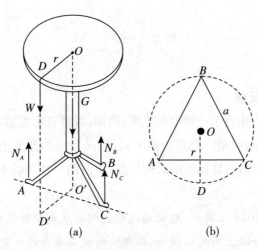

图 5.21

联立式①、式②，并代入上式结果，得地面对凳脚 A、C 的支持力

$$N_A = N_C = \frac{G+W}{3} + \frac{Wr}{\sqrt{3}a}$$

根据牛顿第三定律，所以三个凳脚对地面的压力大小分别为

$$N'_A = N'_C = N_A = N_C = \frac{G+W}{3} + \frac{Wr}{\sqrt{3}a}$$

$$N'_B = N_B = \frac{G+W}{3} - \frac{2Wr}{\sqrt{3}a}$$

(2) 凳子倾倒的条件，首先是凳脚 B 离地，即

$$N_B = 0$$

其次，要求 W 对 AC 转轴的力矩与 G 对 AC 转轴的力矩不在同一方向，即要求满足条件(图 5.21(b))

$$r > \frac{1}{3}a\sin 60° = \frac{a}{2\sqrt{3}}$$

并且,W 对 AC 转轴的力矩应大于凳子重力 G 对 AC 转轴的力矩,即

$$W \cdot \left(r - \frac{1}{3}a\sin 60°\right) > G \cdot \frac{1}{3}a\sin 60°$$

得

$$W > \frac{Ga}{2\sqrt{3}r - a}$$

 **时间反演**

时间反演相当于一种逆向思维,例如,对竖直上抛运动的上升过程做逆向转换,就是一个自由落体运动. 从对称的意义上说,竖直上抛运动就是自由落体运动的时间反演. 下面的一些例题中,渗透着同样的道理.

例题 1(2019 上海) 电影通过倒放演员从高处跳下的场景能模拟出他们轻松跳上高处的镜头,从观众的视角看来速度变化(　　).

A. 低处比高处快,加速度向下　B. 高处比低处快,加速度向上

C. 低处比高处快,加速度向上　D. 高处比低处快,加速度向下

分析与解答 演员从高处跳下做加速运动,速度越来越大,加速度的方向向下. 倒着放映时,观众看到演员从低处往上跳,低处跳出的速度比到达高处的速度大,演员在竖直方向做减速运动,加速度方向向下. 因此,正确的是 A.

说明 从对称性来说,这是一种很典型的"时间反演操作",可以用示意图表示如下(图 5.22).

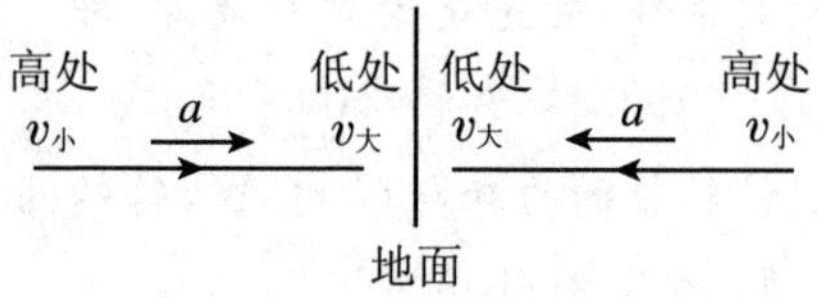

高处　　　低处　低处　　　高处
$v_小$　a　$v_大$　$v_大$　a　$v_小$
　　　　　　地面

图 5.22

5 对称思想在中学物理解题中的应用

例题 2 一辆小车以 $1\ \text{m/s}^2$ 的加速度做匀减速运动,它在停止前的第 4 s 内通过的位移为多大?

分析与解答 如果顺着时间流逝的过程(正向)思考,会感到条件不足,无法求解.为此,可以来个时间反演——从停止起逆着时间的进程考虑,原来的匀减速运动就转换为初速为零的匀加速运动(图 5.23).

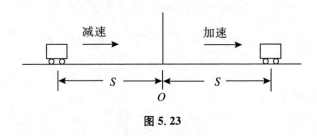

图 5.23

停止起第 1 s 内通过的位移

$$x_1 = \frac{1}{2}at^2 = \frac{1}{2} \times 1 \times 1^2\ \text{m} = 0.5\ \text{m}$$

由 $x \propto t^2$ 的比例关系可知,从静止起连续的各个相等时间内通过的位移之比为

$$x_1 : x_2 : x_3 : \cdots = 1 : 3 : 5 : \cdots$$

所以小车在停止前的第 4 s 内通过的位移为

$$x_4 = 7x_1 = 3.5\ \text{m}$$

说明 通过时间反演,本题的计算很容易.熟悉了这样的方法,类似下面常见的问题,几乎"心算"就可以完成了.

练习题

列车进站沿平直轨道做匀减速滑行,通过位移 $s = 180\ \text{m}$ 后停下.若将这段位移分为三段,要求列车通过每段的时间都相等,则这三段位移各为多少?

参考答案:依次为 100 m、60 m、20 m.

例题 3 一列火车做匀加速直线运动,已知车头与车尾通过某路标时的速度分别为 v_1 和 v_2,试求该列火车中点通过此路标时的速度.

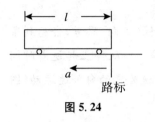

图 5.24

分析与解答 假设火车静止,路标以加速度 a 反方向通过火车车头和车尾的速度分别为 v_1 和 v_2(图 5.24).设火车中点通过此路标时的速度为 $v_{中}$,则

$$v_2^2 - v_1^2 = 2al$$

$$v_{中}^2 - v_1^2 = 2a\frac{l}{2}$$

联立两式即得

$$v_{中} = \sqrt{\frac{v_2^2 + v_1^2}{2}}$$

说明 本题属于变换参考系——让地面(路标)做反向运动,广义地说,也可以作为一种"反演".

例题 4 一个小球以初速 v_0 沿光滑斜面上滑,经斜面上 M、N 两位置的时间为 t_1(图 5.25).小球到达最高点后(设斜面足够长)沿斜面下滑时经过 N、M 两点的时间为 t_2,则( ).

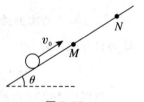

图 5.25

A. $t_1 > t_2$ B. $t_1 = t_2$

C. $t_1 < t_2$ D. 由于斜面倾角未知,无法判断

分析与解答 小球上行时做匀减速运动(加速度 $a_1 = g\sin\theta$),下滑时做匀加速运动(加速度 $a_2 = g\sin\theta$),这两个运动互为时间反演操作(图 5.26(a)).

根据对称性可知,上行和下行过程中通过同样的两位置经历的时间必定相等,即

$$t_1 = t_2$$

所以正确的是 B.

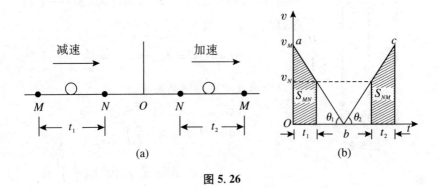

图 5.26

说明 下面,我们运用 v-t 图像再做一简单证明. 设上行时经过 M 点的速度为 v_M,从 M 点至小球速度等于零的位移为 s,这段位移过程中的 v-t 图如图 5.26(b)中的斜直线 ab 所示. MN 两点间的位移等于 ab 下方画有斜线部分的面积. 小球从最高点下滑时的 v-t 图如图中斜直线 bc 所示. NM 两点间的位移等于 bc 下方画有斜线部分的面积. 由于上行和下滑的加速度相同($\theta_1 = \theta_2$),两图像下方对应的面积相等,所以经过两位置的时间也必然相等.

例题 5 杂技演员将 4 个球依次竖直向上抛出. 如果要求抛出一个球后立即接到另一个球,使空中始终保持有 3 个球,手中总有 1 个球. 设每个球上升的最大高度均为 $H = 1.25$ m,则两球在空中相遇的高度是多少? 空气阻力不计.

分析与解答 假设抛出①号球后,立即接住④号球,此时②号、③号球在空中. 由于抛出小球的上升过程与下落过程的对称性(相当于时间反演),②、③两球一定处于同样高度,4 个小球的位置如图 5.27 所示.

每球上升、下降过程的总时间均为

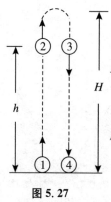

图 5.27

$$t = 2\sqrt{\frac{2H}{g}} = 2\sqrt{\frac{2 \times 1.25}{10}}\text{ s} = 1\text{ s}$$

由图可知,两球在空中的间隔时间(Δt)一定相等,即

$$\Delta t = t_{1\text{-}2} = t_{2\text{-}3} = t_{3\text{-}4} = \frac{t}{3}$$

所以两球在空中相遇的高度为

$$h = H - \frac{1}{2}g\left(\frac{\Delta t}{2}\right)^2$$
$$= 1.25\text{ m} - \frac{1}{2} \times 10 \times \left(\frac{1}{6}\right)^2\text{ m}$$
$$\approx 1.11\text{ m}$$

例题 6 在蹦床运动的训练中,为了测量运动员跃起的高度,可在弹性网上安装压力传感器,利用传感器记录运动员运动过程中对弹性网的压力,并由计算机作出压力-时间图像,如图 5.28 所示. 运动员在空中运动时可视为质点,则可求得运动员跃起的最大高度为(取 $g = 10\text{ m/s}^2$)(   ).

A. 7.2 m   B. 5.0 m   C. 1.8 m   D. 1.5 m

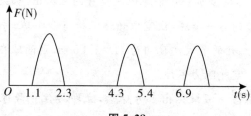

图 5.28

分析与解答 根据题意可知,只有对网施加压力时,传感器记录仪才会显示读数,没有显示读数的地方表示运动员抛在空中的阶段. 由压力-时间图像可得运动员在空中的最长时间为

$$\Delta t = (4.3 - 2.3)\,\text{s} = 2\,\text{s}$$

因为运动员从弹性网跃起做竖直上抛运动,根据上下运动的对称性,运动员上升和下落时间均为 1 s,所以跃起的最大高度为

$$h = \frac{1}{2}gt^2 = \left(\frac{1}{2} \times 10 \times 1^2\right)\,\text{m} = 5.0\,\text{m}$$

所以正确的是 B.

例题 7 从离开竖直墙为 l 处的 A 点以速度 v_0、射角 $\theta = 45°$ 斜向上抛出一个小球,恰好在最高处 B 与竖直墙相碰,碰后落至 C 点,如图 5.29 所示. 若测得 $OC = \dfrac{l}{2}$,则反弹速度 v' 与抛出初速度 v_0 的大小之比为( ).

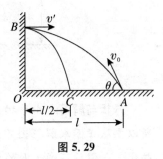

图 5.29

A. $1:2$ B. $1:\sqrt{2}$ C. $1:4$ D. $\sqrt{2}:4$

分析与解答 小球在最高处与墙面相碰并反弹,意味着其速度方向恰好垂直墙面. 将 AB 段的运动作时间反演,它与 BC 段一样,都是平抛运动.

由于 BA 和 BC 这两个平抛运动的时间相同,其抛出速度之比

$$\frac{v'}{v_0 \cos\theta} = \frac{\frac{l}{2}}{l} = \frac{1}{2}$$

则

$$\frac{v'}{v_0} = \frac{\cos\theta}{2} = \frac{\sqrt{2}}{4}$$

所以正确的是 D.

例题 8 如图 5.30 所示,在竖直平面内放置着一段由斜轨和半圆环连接起来的光滑轨道,环半径 $R = 0.6$ m. 现在要求在地面上某处 C 抛出一个小球,使它恰好能从半圆环顶端 B 平滑地切入,沿半

圆环滑行后再滑上斜轨,到达斜轨上高 $h=4.4$ m 的 A 处.试求抛射处 C 的位置、抛射速度的大小和方向角.取 $g=10$ m/s^2.

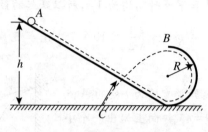

图 5.30

分析与解答 由于抛射位置、抛射的速度大小和方向角都未知,所以要从正面求解很困难.为此,可以采用时间反演的方法,将原题转化——假设从高为 h 的斜轨上 A 处,由静止释放一个小球,它沿着半圆环滑行后,恰好从顶点 B 水平抛出,要求小球的落地位置、落地速度的大小和方向.转化为这样的一个问题,就不难解决了.

设小球从 B 飞出做平抛运动的速度为 v_B,对 AB 段由动能定理

$$mg(h-2R) = \frac{1}{2}mv_B^2 - \frac{1}{2}mv_A^2 = \frac{1}{2}mv_B^2$$

得

$$v_B = \sqrt{2g(h-2R)} = \sqrt{2\times10\times(4.4-1.2)} \text{ m/s} = 8 \text{ m/s}$$

小球从环顶 B 飞出做平抛运动的水平位移为

$$s = v_B t = v_B\sqrt{\frac{2R}{g}} = 8\sqrt{\frac{2\times0.6}{10}} \text{ m} = 2.77 \text{ m}$$

小球落地时的水平速度 v_x 和竖直速度 v_y 分别为

$$v_x = v_B = 8 \text{ m/s}$$

$$v_y = gt = \sqrt{2Rg} = \sqrt{2\times0.6\times10} \text{ m/s} = 2\sqrt{3} \text{ m/s}$$

所以小球落地速度的大小为

$$v = \sqrt{v_x^2 + v_y^2} = \sqrt{64+12} \text{ m/s} = 8.72 \text{ m/s}$$

设小球落地速度的方向与水平方向间的夹角为 β,则

$$\tan\beta = \frac{v_y}{v_x} = \frac{2\sqrt{3}}{8} = \frac{\sqrt{3}}{4}$$

得

$$\beta = \tan^{-1}\frac{\sqrt{3}}{4} = 23.4°$$

所以,应该从离开圆环底端 $s=2.77$ m 处,以初速度 $v_0=v=8.72$ m/s、与水平方向间夹角 $\alpha=\beta=23.4°$,斜向右上方抛出小球,才能满足要求.

例题 9 在水平地面上固定一个半径为 R 的半球体,球顶处平滑衔接着一块水平光滑的薄板,并在顶端放有一个质量为 m 的弹性小球 A(图 5.31).现从地面上向着 A 球斜向射出一个同样的小球 B,

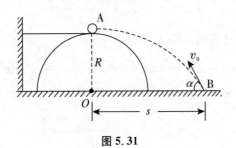

图 5.31

要求不与半球体相碰恰好能击中 A,使 A 球获得沿薄板左滑的水平速度.那么,应该在地面上离开球心 O 多远处、以多大的初速度 v_0、采用怎样的抛射角 α 射出 B 球,才能使 A 球的速度最小?

分析与解答 小球 B 击中 A,两者发生弹性碰撞,质量相等时互换速度.因此,要求 A 球碰后有最小的速度,也就是要求使 B 球飞越球顶时有最小的速度.由于 B 球的抛射位置、速度大小和抛射方向都未知,所以从正面求解非常困难.为此,可以采用与上题同样的方法——进行时间反演,将整个物理过程"倒行".这样,原来小球 B 的抛射点就变成了平抛运动的落地点,问题就变得容易了.

根据题意,要求小球 B 从球顶做平抛不与球顶发生相互作用,它必须满足的条件是小球的重力恰好作为它飞越球顶的向心力,即

$$mg = m\frac{v^2}{R}$$

得

$$v = \sqrt{Rg}$$

小球以速度 v 从球顶平抛的水平位移为

$$s = vt = v\sqrt{\frac{2R}{g}} = \sqrt{Rg}\sqrt{\frac{2R}{g}} = \sqrt{2}R$$

小球落地时的水平速度 v_x 和竖直速度 v_y 分别为

$$v_x = v = \sqrt{Rg}$$

$$v_y = gt = g\sqrt{\frac{2R}{g}} = \sqrt{2Rg}$$

因此小球落地速度的大小为

$$v_t = \sqrt{v_x^2 + v_y^2} = \sqrt{Rg + 2Rg} = \sqrt{3Rg}$$

设小球落地速度方向与水平方向间的夹角为 β(图 5.32),则

$$\tan\beta = \frac{v_y}{v_x} = \frac{\sqrt{2Rg}}{\sqrt{Rg}} = \sqrt{2}$$

得

$$\beta = \tan^{-1}\sqrt{2}$$

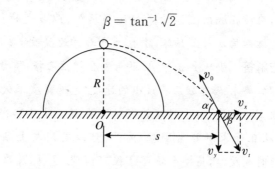

图 5.32

所以,小球 B 应该从离开球心 $s=\sqrt{2}R$ 的地方,以初速度 $v_0=v_t$ $=\sqrt{3Rg}$,与水平方向间夹角 $\alpha=\beta=\tan^{-1}\sqrt{2}$ 的方位,斜向左上方抛出小球,才能满足要求.

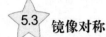 镜像对称

镜像对称是一种非常普遍的对称形式,它可以有多方面非常灵活的表现.除了最典型的应用电像法、光路控制外*,它在力学中的应用也很有趣.下面,以碰撞和多普勒效应为例,体会一下镜像对称性的一些应用.

(1) 碰撞

前面已经说过,当一个弹性小球与光滑墙壁碰撞(无论正碰或斜碰)时,碰后速度与碰前速度的大小一定相等,形成与以光滑墙壁为镜面的对称分布.利用这个特点,在研究许多具体问题时会显得很方便.

例题 1 在水平地面上直立着一个直径 $D=0.4$ m,高 $h=0.45$ m 的圆桶.将一个小球从桶边 A 点以速度 $v_0=2$ m/s 向桶内水平抛出,它与光滑的桶壁发生一次弹性碰撞后,以同样大小的速度反弹,并落到桶底,如图 5.33 所示.不计小球与桶壁的碰撞时间,试求小球落在桶底的位置和整个运动时间.取 $g=10$ m/s^2.

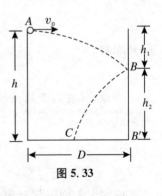

图 5.33

分析与解答 小球从抛出到落在桶底,经历三个过程,即平抛—弹性碰撞—斜下抛.一些同学常习惯于顺着物理过程求解如下:

---

* 电像法和光路的对称性,下面另有专题介绍.

小球从 A 点水平抛出到与桶壁 B 相碰的时间和下落高度分别为

$$t_1 = \frac{D}{v_0} = \frac{0.4}{2} \text{ s} = 0.2 \text{ s}$$

$$h_1 = \frac{1}{2}gt_1^2 = \frac{1}{2} \times 10 \times (0.2)^2 \text{ m} = 0.2 \text{ m}$$

小球与桶壁碰撞时的水平速度和竖直速度分别为

$$v_x = v_0 = 2 \text{ m/s}$$

$$v_y = gt_1 = 10 \times 0.2 \text{ m/s} = 2 \text{ m/s}$$

因此小球与桶壁发生弹性碰撞后,反弹速度的水平分量与竖直分量分别为

$$v_x' = -v_0 = -2 \text{ m/s} \quad （负号表示与 v_0 反向）$$

$$v_y' = v_y = 2 \text{ m/s}$$

设小球做斜下抛运动的时间为 t_2,由

$$h - h_1 = v_y' t_2 - \frac{1}{2}gt_2^2$$

即

$$0.45 - 0.2 = 2t_2 - 5t_2^2$$

得合理解

$$t_2 = 0.1 \text{ s}$$

所以,落点离开桶壁的水平距离和从抛出到落在桶底的时间分别为

$$x_{B'C} = |v_x'| t_2 = 2 \times 0.1 \text{ m} = 0.2 \text{ m} \quad （恰好落在桶底中心）$$

$$t = t_1 + t_2 = 0.2 \text{ s} + 0.1 \text{ s} = 0.3 \text{ s}$$

说明 上面按部就班的解法,虽然条理清楚,却显得比较烦琐. 如果采用"镜像对称"的方法,就可以将其大为简化.

假设小球抛出后没有被桶壁阻挡,则经过 B 点后继续沿着抛物线运动,直至到达桶底的 C' 处. 由于经过 B 点向右做斜下抛的速度与在 B 点相碰后向左做斜下抛的速度互成镜像对称,它们的运动轨

迹也互成镜像(图 5.34),则
$$B'C = B'C'$$

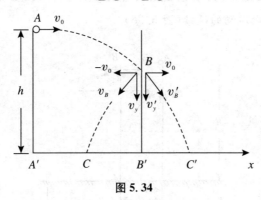

图 5.34

这样,就将小球原来所经历的三个运动过程,转化为一个平抛运动.立即可得小球从 A 点抛出至落地的时间和水平位移分别为

$$t = \sqrt{\frac{2h}{g}} = \sqrt{\frac{2 \times 0.45}{10}} \text{ s} = 0.3 \text{ s}$$

$$x_{A'C'} = v_0 t = 2 \times 0.3 \text{ m} = 0.6 \text{ m}$$

所以,小球的落点 C 离开桶边的距离为

$$x_{CB'} = x_{B'C'} = x_{A'C'} - D = (0.6 - 0.4) \text{ m} = 0.2 \text{ m}$$

例题 2 在水平地面上建有相互平行的 A、B 两堵竖直墙,墙高 $h = 20$ m,间距 $d = 1$ m,墙面光滑.现从高墙 A 上以水平速度 $v_0 = 5$ m/s 抛出一个弹性小球,它与两墙面反复碰撞后落到地面上(图 5.35).取 $g = 10$ m/s^2,试求:

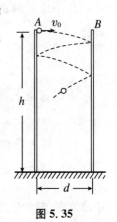

图 5.35

(1) 小球的落地点离 A 墙多远?小球从抛出到落地与墙面发生的碰撞次数 n 是多少?

(2) 小球与墙面发生 $m(m < n)$ 次碰撞时,小球下落的高度.

分析与解答 小球与墙面做弹性碰撞,每次碰后速度的竖直分量(向下)不变,水平分量反向.以墙为镜面,作出反弹轨迹的镜像,小球在两堵墙之间做反复的斜下抛运动,都可以看成是整个平抛运动的延续(图 5.36).

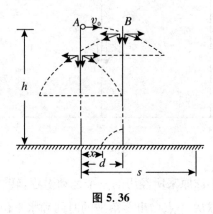

图 5.36

(1) 小球从抛出到落地的时间和整个运动过程中的水平路程分别为

$$t = \sqrt{\frac{2h}{g}} = \sqrt{\frac{2 \times 20}{10}} \text{ s} = 2 \text{ s}$$

$$s = v_0 t = 5 \times 2 \text{ m} = 10 \text{ m}$$

设小球从抛出到落地与墙面碰撞次数为 n,则其整数解碰撞次数为

$$n = \frac{s}{d} = \frac{10}{1} = 10$$

小球落地点与 A 墙的水平距离为

$$x = s - nd = (10 - 10 \times 1) \text{ m} = 0$$

(2) 因为每相邻两次碰撞的时间间隔均为

$$\Delta t = \frac{d}{v_0}$$

小球在竖直方向始终以加速度 g 下落,所以,从抛出到发生第 m 次碰撞共需要时间为

$$t_m = m\Delta t = m\frac{d}{v_0}$$

则发生第 m 次碰撞时小球下落的高度为

$$h_m = \frac{1}{2}gt_m^2 = \frac{1}{2}g\left(m\frac{d}{v_0}\right)^2 = \frac{m^2d^2g}{2v_0^2}$$

说明 本题采用了镜像对称,就可以将一个反复的碰撞过程转化为连续的平抛运动. 上面计算中,若得到的碰撞次数为奇数,则落地点与 A 墙的水平距离应为

$$x = (n+1)d - s$$

例题 3 两块竖直放置的光滑弹性板 A、B 相距为 d,在两板间的某处 P 以初速度 v_0、与水平方向间的夹角为 α,斜向上抛出一个光滑的弹性小球(图 5.37),它经过与两板各发生一次碰撞后恰好能返回 P 处,试问:从抛出到返回的时间为多少?

分析与解答 小球抛出后做斜抛运动,与两板发生斜碰. 由于球与板光滑接触,碰后沿板面的速度分量不变($v'_{1y} = v_{1y}$),垂直板面的速度分量反向($v'_{1x} = -v_{1x}$),因此反弹速度与入射速度大小相等,与板面法线间的夹角也相等,相当于光的反射(图 5.38).

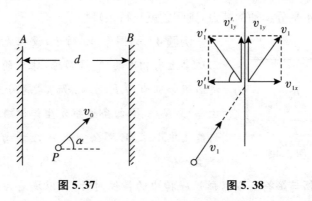

图 5.37 图 5.38

要求小球与两板各发生一次碰撞,小球的整个运动过程由三段斜抛运动的抛物线组成. 如果以两板为镜面做空间反演,则根据弹性

碰撞的上述特点,它们的镜像恰好能够与两板中间的一段运动轨迹组成一条抛物线,如图 5.39 所示.

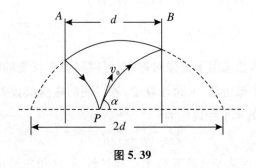

图 5.39

这条抛物线两端点间的水平距离为 $2d$. 小球在两板间做斜抛运动时的水平速度分量为

$$v_x = v_0 \cos \alpha$$

因此,小球从抛出到反弹回到原来的位置 P 所经历的总时间为

$$t = \frac{2d}{v_0 \cos \alpha}$$

说明 本题如果要求直接从三段斜抛运动轨迹计算运动时间,那是比较麻烦的. 通过镜像对称,将原来的分段斜抛运动进行转化,再根据水平分运动的特点,则问题就显得很轻松了.

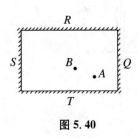

图 5.40

例题 4 如图 5.40 所示,设在光滑长方形球桌上有相同的 A、B 两球,球桌的四条光滑边框分别为 Q、R、S、T. 如果要求小球 A 依次与 Q、R、S、T 四条边框发生弹性碰撞后恰好能击中小球 B,那么小球 A 应该向边框 Q 哪里入射?

分析与解答 根据弹性碰撞中的镜像对称,可以逆着运动过程用作图方法确定:

先找出小球 B 对于以边框 T 为镜面的像点 B_1;然后,再用同样

方法依次找出像点 B_1 对于以边框 S 为镜面的像点 B_2；像点 B_2 对于以边框 R 为镜面的像点 B_3；像点 B_3 对于以边框 Q 为镜面的像点 B_4. 连接 AB_4，就可以得到打击小球 A 的入射方向 AA_1. 整个镜像对称性图样如图 5.41 所示.

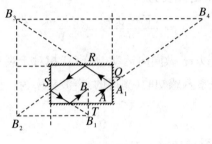

图 5.41

说明 本题的情景就是从很受欢迎的一项运动——斯诺克 (Snooker) 抽象出来的. 利用镜像对称，把原来属于弹性碰撞的一个力学问题，转化为如平面镜成像作图，显得非常巧妙.

在上面的作图中，若最后连接 AB_4 时与边框 Q 没有交点，表示该题无解. 也就是说，这个球的位置不恰当，无法通过与四条边框的依次碰撞后击中另一个小球 B.

(2) 多普勒效应

多普勒效应

下面，我们先来认识一下多普勒效应：

如图 5.42 所示，设声源 S、观察者 L 分别以速度 v_S 和 v_L 在静止介质中沿同一直线同向运动. 令声源发出的声波在介质中的传播速度为 V.

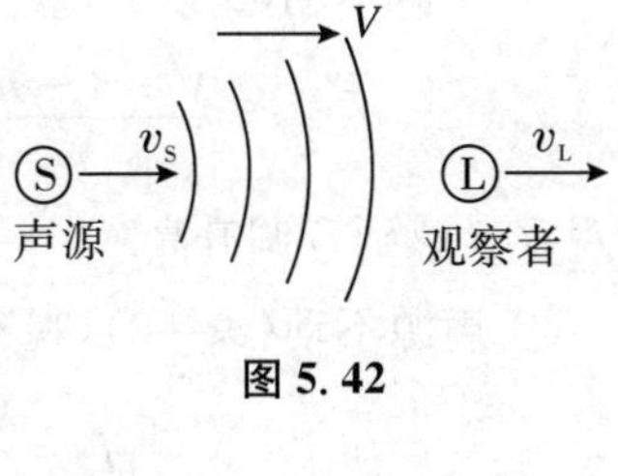

图 5.42

当声源不动时，声源发出频率为 f_0（对应的波长为 λ_0）的声波，

时间 t 内在传播距离 $s_0 = Vt$ 上分布的波数为

$$n = \frac{s_0}{\lambda_0} = \frac{Vt}{\lambda_0}$$

当声源以速度 v_S 运动时,这 n 个波分布在距离 $s = s_0 - v_S t = (V - v_S)t$ 内,对应的波长为

$$\lambda = \frac{(V - v_S)t}{n} = \frac{V - v_S}{V}\lambda_0$$

由于观察者以 v_L 做同向运动,则声音相对于观察者的速度为 $u = V - v_L$,因此观察者感知的(测得的)声波频率为

$$f = \frac{V - v_L}{\lambda} = \frac{V - v_L}{V - v_S} \cdot \frac{V}{\lambda_0} = \frac{V - v_L}{V - v_S} f_0$$

其中的几种简单情况如下:

① 观察者不动($v_L = 0$),声源接近观察者,则

$$f = \frac{V}{V - v_S} f_0 > f_0$$

观察者会感到音调变高. 我们站在铁路旁,火车驶近时听到汽笛声的音调升高就是这个道理.

② 观察者不动($v_L = 0$),声源离开观察者,相当于 v_S 取负值,则

$$f = \frac{V}{V - (-v_S)} f_0 = \frac{V}{V + v_S} f_0 < f_0$$

观察者感到音调变低. 站在铁路旁,火车远去时听到的汽笛声就有这个感觉.

③ 声源不动($v_S = 0$),观察者靠近声源,相当于 v_L 取负值,则

$$f = \frac{V - (-v_L)}{V} f_0 = \frac{V + v_L}{V} f_0 > f_0$$

即观察者感到音调升高.

④ 声源不动($v_S = 0$),观察者远离声源,则

$$f = \frac{V - v_L}{V} f_0 < f_0$$

即观察者感到音调降低.

5 对称思想在中学物理解题中的应用

声反射的对称性考虑

如图 5.43(a)所示,假设有一列火车沿着垂直悬崖的铁路,正向悬崖驶去. 火车的速度为 v,汽笛的频率为 f,声音在空气中的传播速度为 V.

为了计算火车司机听到从悬崖反射回来的声音频率,可以设想在悬崖另一面有一列镜像火车,正以同样大小的速度驶向悬崖. 火车司机听到从悬崖反射回来的声音频率,与听到从镜像火车发出的声音频率相同. 这个情况就相当于声源与观察者正在相互接近,如图 5.43(b)所示. 令 $v_L = -v$,代入上面的公式,即得

$$f = \frac{V - v_L}{V - v_S} f_0 = \frac{V - (-v)}{V - v} f_0 = \frac{V + v}{V - v} f_0 > f_0$$

火车司机听到的反射波的频率变大,即音调变高.

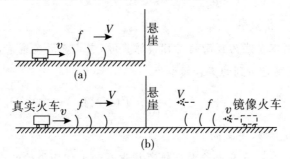

图 5.43

例题 1 一警报器发出频率 $f = 1\,000$ Hz 的声波,离开静止的观察者向着悬崖运动,其速度 $v = 10$ m/s,已知声音在空气中的传播速度为 $V = 330$ m/s,试问:

(1) 观察者直接从警报器所听到的声音频率为多少?

(2) 观察者听到从悬崖反射的声音频率是多少?

分析与解答 第一种情况声源离开静止的观察者,可直接根据多普勒效应的公式计算. 第二种情况观察者听到从悬崖反射的声音,可看成是以悬崖为镜面、跟警报器对称的一个镜像声源所发出的,如

图 5.44 所示.

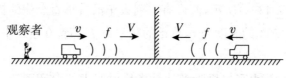

图 5.44

根据多普勒效应的一般公式

$$f = \frac{V - v_\text{L}}{V - v_\text{S}} f_0$$

(1) 当警报器离观察者而去时,以 $v_\text{S} = -v$ 代入,得观察者听到的声音频率为

$$f' = \frac{V - 0}{V - (-v)} f = \frac{330}{330 + 10} \times 1\,000 \text{ Hz} = 970 \text{ Hz}$$

即听到的声音频率变低.

(2) 对以悬崖为镜面的对称镜像声源,它正靠近观察者,以 $v_\text{S} = v$ 代入,得观察者听到的声音频率为

$$f'' = \frac{V}{V - v} = \frac{330}{330 - 10} \times 1\,000 \text{ Hz} = 1\,031 \text{ Hz}$$

即听到的声音频率变高.

例题 2 假设有一条火车轨道铺设在两个相距很远的山崖之间,山崖的壁是竖直的且互相平行,路轨和崖壁垂直.在某段路上,正好有一列火车匀速前进,车头不断鸣号.设火车的速度为 v,鸣笛的频率为 f,声音在空气中的传播速度为 V,则回声返回火车司机处接收到的频率是多少?

分析与解答 声波会同时向前后两个山崖传播,两个山崖又都会有反射波,因此火车司机收到的回声可以有这样几种:从前面的山崖直接返回的声波;从前面的山崖反射后,再经过后面山崖反射的声波;从后面山崖直接返回的声波;从后面山崖反射后,再经过前面山崖反射的声波.

利用镜像对称,把从山崖反射的声波看成是从山崖后面的一个镜像声源发出的,就可以直接根据多普勒效应公式

$$f = \frac{V-v}{V-v_S}f_0$$

算出接收到的回声频率.下面,对这四种情况分别进行计算.

(1) 从前面的山崖直接返回的声波——可以看成是从前面山崖后的镜像声源 S' 驶向山崖发出的(图 5.45 右).

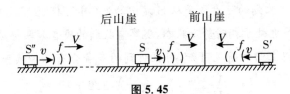

图 5.45

这种情况相当于声源 S' 与观察者 S 相互接近,以 $v_L = -v$ 代入公式,得司机接收到的声音频率为

$$f' = \frac{V-v_L}{V-v_S}f_0 = \frac{V-(-v)}{V-v}f = \frac{V+v}{V-v}f > f$$

即感到声音频率变高.

(2) 从前面的山崖反射后,再经过后面山崖反射的声波——可以看成在后山崖后面、以后山崖为镜面有一个与 S' 对称的镜像声源 S'',司机所接收到的可看成是从 S'' 发出的波(图 5.45 左).由于声源与观察者向同一方向以相同的速度运动,相当于静止观察者收到的从静止声源发出的声音,频率仍然为 f.

(3) 从后面山崖直接反射的声波——可以看成是从后山崖背后的镜像声源 S' 驶离后山崖发出的(图 5.46 左).

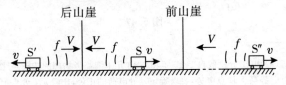

图 5.46

这种情况相当于声源 S′ 与观察者 S 相互分离,以 $v_S = -v$ 代入公式,得司机接收到的声音频率为

$$f'' = \frac{V - v_L}{V - v_S} f_0 = \frac{V - v}{V - (-v)} f = \frac{V - v}{V + v} f < f$$

即感到声音频率变低.

(4) 从后面的山崖反射后,再经过前面山崖反射的声波——可以看成在前山崖后面、以前山崖为镜面有一个与 S′ 对称的镜像声源 S″,司机所接收到的可看成是从 S″ 发出的波(图 5.46 右). 此时声源 S″ 与观察者 S 也处于相对静止状态,观察者收到的声音频率仍然为 f.

综合以上四种情况可知,司机听到的声音会有三种频率,即

$$\frac{V + v}{V - v} f, \quad f, \quad \frac{V - v}{V + v} f$$

5.4 电场的对称性

有关电场中的对称性问题,在具体问题中主要表现为两方面:

(1) 电场分布的对称性

点电荷的电场线和等势线会形成优美对称的图形,图 5.47(a)为三个点电荷的电场线分布,图 5.47(b)为两个异种点电荷电场中的部分等势面*.

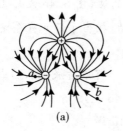
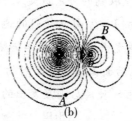

(a)   (b)

图 5.47

---

* 图 5.47(a)和(b)分别取自 2010 年和 2013 年上海高考物理的选择题. 图 5.47(b)已知 A 点电势高于 B 点电势,要求确定 a 处电荷的正负,比较 a、b 处点电荷的电荷量大小.

5 对称思想在中学物理解题中的应用

中学物理有许多问题,常常会要求根据这样的图形定性比较场中某些地方场强的大小、电势的高低、移动电荷时电场力的功或电势能的变化等.对它们进行分析研究时,除了要求清晰地认识电场线和等势线的意义外,结合点电荷场强和电势的规律(或公式),借助对称的分布特点,往往可以在解题中助你一臂之力.

例如,根据图 5.47(a)中电场线的疏密,很容易比较 a、b 两点处电场强度的大小($E_a > E_b$).比较它们的电势时,为了更明确起见,可以根据电场分布的对称性把 a 点移到右侧负电荷旁边,于是根据电场线的方向立即可知 $\varphi_b > \varphi_a$.

例题 1(2015 江苏) 两个相同的负电荷和一个正电荷附近的电场线如图 5.48 所示.c 是两负电荷连线的中点,d 点在正电荷的正上方,c、d 到正电荷的距离相等,则( ).

A. a 点的电场强度比 b 点的大

B. a 点的电势比 b 点的高

C. c 点的电场强度比 d 点的大

D. c 点的电势比 d 点的低

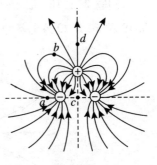

图 5.48

分析与解答 电场线的疏密反映场强的大小,由于 a 点的电场线分布比 b 点处密,因此 a 点的电场强度比 b 点的大,A 正确.

通过 a 点大体作一个垂直电场线的等势面,根据电场线的方向指向电势降落(最快)的方向可知,a 点的电势比 b 点的低,B 错.

c、d 两点的场强由三个点电荷产生场强的矢量和决定.在 c 点,两个负电荷对称分布于其两侧,产生的场强相互抵消,可以看成仅有一个正电荷所产生;在 d 点,由于对称性,两个负电荷所产生的场强大小相等,方向均指向负电荷,其合场强向下,而正电荷所产生的场强向上,两者反向,合成的结果是其大小比 c 点的场强小,C 正确.

c、d 两点的电势由三个点电荷产生电势的代数和决定.由于它们到正电荷的距离相等,正电荷在 c、d 两点所产生的电势相等(均为正);两个负电荷在 c、d 两点所产生的电势均为负,由于 c 点更靠近两个负电荷,它的电势比 d 点低,合成的结果依然是 c 点的电势比 d 点的低,D 正确.

说明 本题的电场分布虽然与图 5.47(a)相同,但问题的内容更丰富,要求也更高些.不仅要求理解电场线的物理意义,还涉及场强与电势两种不同的叠加方法.高考题常常会"陈题翻新",显示别具匠心的构思.

例题 2(2015 上海) 两个正、负电电荷周围电场线分布如图 5.49 所示.P、Q 为电场中的两点,则( ).

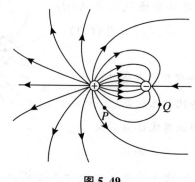

图 5.49

A. 正电荷由 P 点静止释放能运动到 Q 点

B. 正电荷在 P 点的加速度小于在 Q 点的加速度

C. 负电荷在 P 点的电势能高于在 Q 点的电势能

D. 负电荷从 P 点移动到 Q 点,其间必有一点电势能为零

分析与解答 正电荷在 P 点处静止释放后,由于受到沿着 P 点处切线方向的电场力作用,获得沿切线方向的加速度,此后其运动方向始终与电场力的方向形成夹角,因此它在 P 点处静止释放后不可

能运动到 Q 点,A 错.

由于 P 点处的电场线比 Q 点处密,意味着 P 点处的电场强度比 Q 点处大,正电荷在 P 点受到的电场力比 Q 点处大,产生的加速度也大于在 Q 点的加速度,B 错.

根据电场线的方向指向电势降落(最快)的方向,则 $\varphi_P > \varphi_Q$,因此负电荷在 P 点的电势能比在 Q 点的低,C 错.

图中正电荷处的电势最高(大于零),负电荷处的电势最低(小于零).从 P 到 Q 沿着场强方向电势逐渐降低时,中间必定经过电势为零的点.通过该点作等势面与 P、Q 线必有一个交点,该点的电势同样为零.因此,负电荷从 P 点移动到 Q 点,其间必有一点电势能为零,D 正确.

说明 一般情况下,电场线并非电荷在电场中的运动轨迹.仅当电场线为直线,不计电荷的重力,电荷由静止释放或初速度方向与电场线一致时,电荷才会沿着电场线运动.

例题 3(2010 江苏) 空间有一沿 x 轴对称分布的电场,其电场强度 E 随 x 变化的图像如图 5.50 所示.下列说法正确的是(   ).

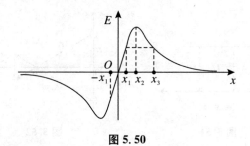

图 5.50

A. O 点的电势最低

B. x_2 点的电势最高

C. x_1 和 $-x_1$ 两点的电势相等

D. x_1 和 x_3 两点的电势相等

分析与解答 因为电场强度的方向就是电势降落最快的方向,图中电场强度以 O 为中心指向正、负两侧,呈现对称分布的特点,因此 O 点的电势应该最高,向两侧逐渐降低. 可见,A、B、D 均错.

在匀强电场中,沿着电场方向相距 x 的两点间电势差的大小为
$$U = Ex$$
它对应着在 E-x 图像中的一块面积(图 5.51).

对于题中 $O \to x_1$ 和 $O \to -x_1$ 的区域,如果对它采用微元分割,那么图像下方与 x 轴之间的面积同样可以表示 $O \to x_1$ 和 $O \to -x_1$ 两点间的电势差. 由于 x_1 和 $-x_1$ 对称于 O 点,所以
$$U_{Ox_1} = U_{O(-x_1)}$$
即
$$\varphi_{x_1} = \varphi_{(-x_1)}$$
所以正确的是 C.

说明 有一些同学很好奇,图中电场是怎样形成的? 由于原点的场强为零,而电势却最高,可以想到形成电场的电荷简单分布如图 5.52 所示. 这里,原点 O 的场强和电势都恰好能满足题中要求.

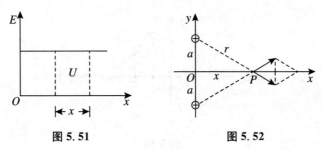

图 5.51   图 5.52

设两点电荷的电量为 q,离开 O 的距离均为 a. 在横轴上取坐标为 x 的某点 P,根据点电荷场强公式,结合对称分布的叠加,得 P 点的场强为
$$E = 2k \frac{q}{a^2+x^2} \cdot \frac{x}{\sqrt{a^2+x^2}} = \frac{2kqx}{(a^2+x^2)^{3/2}}$$

如果代入特殊值 $x=0$, $x=a$ 和 $x \gg a$, 大体可以看到场强 E 的大小随 x 的增大先增大后减小, 直至为零的变化趋势(有兴趣的读者, 可以利用计算机比较精确地作出 E-x 图像).

例题 4(2011 上海) 两个等量异种点电荷位于 x 轴上, 相对原点对称分布, 正确描述电势 φ 随位置 x 变化规律的是图 5.53 中的( ).

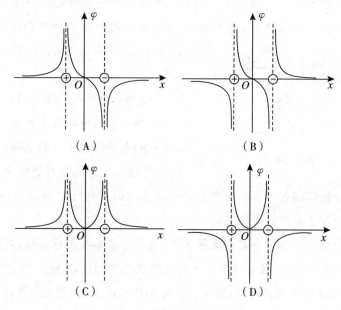

图 5.53

分析与解答 根据点电荷电势的规律, 两个等量异种点电荷对称中心 O 的电势一定为零.

由于电势是按照代数和的法则叠加的, 根据对称性可以判知:

在 O 到正电荷区域的电势一定大于零, 且越靠近正电荷电势越高, 正电荷处的电势最高; 在 O 到负电荷区域的电势一定为负, 且越靠近负电荷电势越低, 负电荷处的电势最低.

在正电荷左侧的电势一定大于零, 随着离开它的距离增加, 电势的值必然越来越小, 直至为零; 在负电荷右侧的电势一定小于零, 随着离开它的距离增加,电势的值同样越来越小,直至为零.

根据场中电势的这个变化规律进行对照,可知正确的是 A.

说明 如果熟悉点电荷电势公式 $\varphi = k\dfrac{q}{r}$,结合电势的叠加,可以有更明确的认识.

例题 5(2012 重庆) 空间中 P、Q 两点处各固定一个点电荷,其中 P 点处为正电荷,P、Q 两点附近电场的等势面分布如图 5.54 所示,a、b、c、d 为电场中的 4 个点,则( ).

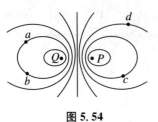

图 5.54

A. P、Q 两点处的电荷等量同种

B. a 点和 b 点的电场强度相同

C. c 点的电势低于 d 点的电势

D. 负电荷从 a 到 c,电势能减少

分析与解答 根据图中等势面所呈现的对称性可知,P、Q 两点处必为等量异种电荷,A 错.

由于电场强度一定垂直等势面,通过 a 点和 b 点作垂线,两处的方向显然不同,因此 a 点和 b 点的电场强度不相同,B 错.

已知 P 处为正电荷,图中 c 点离开 P 比 d 点近,因此 c 点的电势高于 d 点的电势,C 错.

由于沿着 PQ 方向的各个等势面的电势逐渐降低,因此负电荷从 a 到 c,是从电势低的地方移向电势高的地方,电场力做正功,电势能减少,D 正确.

(2) 电荷分布和运动的对称性

在许多物理问题中,电荷的分布具有对称的特点,它们所产生的电场强度、电势或对场中其他电荷的电场力等物理量往往也会具有对称性.

有时,原来的电荷分布或者带电粒子的运动虽然不具有对称性,

5 对称思想在中学物理解题中的应用

但可以通过假设方法(如移动、补偿等)使原来的电荷分布对称化,或者使带电粒子在电场中运动对称化.

这样,常常就可以从对称的特点出发,简化对问题的研究,或者可以突破原来无法研究的困境,获得满意的结果.

例题 1(2012 海南) $N(N>1)$ 个电荷量均为 $q(q>0)$ 的小球,均匀分布在半径为 R 的圆周上,如图 5.55 所示. 若移去位于圆周上 P 点的一个小球,则圆心 O 点处的电场强度大小为_____,方向为_____.(已知静电力常数为 k)

分析与解答 原来 N 个带电小球均匀分布在圆周上,由对称性可知,每条直径两端的两个电荷在圆心 O 点处产生的场强等值反向,使圆心 O 点处的合场强为零.

如今移去位于圆周上 P 点的一个小球,直径另一端与 P 相对的小球(P')产生的场强无法被平衡,因此圆心 O 点处的电场强度就等于小球 P' 在圆心 O 点处产生的场强,即

$$E = k\frac{q}{R^2}$$

其方向沿 OP 指向 P 点.

说明 如果把本题中的小球构成一个电荷连续分布的大圆环,当环上有一个很小的开口时,环心处的场强可采用同样的方法计算. 下面是一个涉及具体数值的计算题,请自行练习.

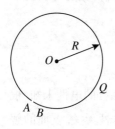

图 5.56

练习题

将一根细绝缘棒弯成半径 $R=50$ cm 的圆环,对接处留有 $AB=l=1$ cm 的一个间隙(图 5.56). 棒上均匀分布着正电荷,总电量 $Q=3\times10^{-9}$ C,试估算环心处 O 点的电场强度. 已知静电力常数 $k=9\times10^9$ N·m²/C².

参考答案:0.34 N/C.

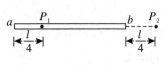

图 5.57

例题 2(2006 全国Ⅱ) ab 是长为 l 的均匀带电细杆,P_1、P_2 是位于 ab 所在直线上的两点,位置如图 5.57 所示. ab 上电荷产生的静电场在 P_1 处的场强大小为 E_1,在 P_2 处的场强大小为 E_2. 以下说法中正确的是( ).

A. 两处的场强方向相同,$E_1 > E_2$
B. 两处的场强方向相反,$E_1 > E_2$
C. 两处的场强方向相同,$E_1 < E_2$
D. 两处的场强方向相反,$E_1 < E_2$

分析与解答 这是分布电荷产生的电场,无法应用点电荷电场公式进行计算比较,因此必须考虑其他方法.

根据题设条件,可以设想将细棒平均分为两段.设棒上电荷为正,由对称性可知:

对于 P_1,其左右两边各长为 $\dfrac{l}{4}$ 的两部分所产生的合场强为零,场强 E_1 可以看成是仅由棒上中央右侧一半电荷所产生的,其方向沿着棒向左.

对于 P_2,其场强 E_2 可以看成是由棒上中央左右两段的电荷共同产生的. 由于对称性,中央右侧一半电荷在 P_2 所产生的场强大小也等于 E_1,其方向向右;中央左侧一半电荷在 P_2 所产生的场强大小设为 E_2',方向也向右. 因此

$$E_2 = E_1 + E_2' > E_1$$

它的方向与 E_1 相反. 所以正确的是 D.

说明 一些同学被"忽悠"的一个因素是题中细杆的电性未知. 根据上面的分析很容易看到,选项 D 与杆上电荷的电性无关. 上面的解答由于采用了对称的特性,显得非常巧妙,否则是比较难以判断的.

5 对称思想在中学物理解题中的应用

例题3(2011 重庆) 如图 5.58 所示,电量为 $+q$ 和 $-q$ 的点电荷分别位于正方体的顶点,正方体范围内电场强度为零的点有( ).

A. 体中心、各面中心和各边中点
B. 体中心和各边中点
C. 各面中心和各边中点
D. 体中心和各面中心

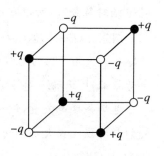

图 5.58

分析与解答 根据对称性知,两个等量同种电荷连线中点的合场强为零,两个等量异种电荷连线中点的合场强不为零,指向负电荷的方向.图中正方体每边两端均为异种电荷,其中点的电场强度一定不为零;各个面的两对角线两端都为同种电荷,各面中心的电场强度都为零;对于正方体的中心,可将 8 个电荷分为 4 组,它们在体中心产生的合场强互相抵消,恰好为零.所以正确的是 D.

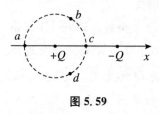

图 5.59

例题4(2013 山东) 如图 5.59 所示,在 x 轴上相距为 L 的两点固定两个等量异种点电荷 $+Q$、$-Q$,虚线是以 $+Q$ 所在点为圆心、$\dfrac{L}{2}$ 为半径的圆. a、b、c、d 是圆上的四个点,其中 a、c 两点在 x 轴上,b、d 两点关于 x 轴对称.下列判断正确的是( ).

A. b、d 两点处的电势相同
B. 四点中 c 点处的电势最低
C. b、d 两点处的电场强度相同
D. 将一试探电荷 $+q$ 沿圆周由 a 点移至 c 点,$+q$ 的电势能减小

分析与解答 因为两个点电荷分布在 x 轴上,它们产生的电场

对 x 轴对称分布,所以 b、d 两点处的电势相同,A 正确.

图中 $+Q$ 在 a、b、c、d 四点处产生的电势相等,c 点离 $-Q$ 最近,$-Q$ 在 c 点处产生的电势最低,根据电势的叠加原理,可知 c 点处的电势最低,B 正确.

电场强度是矢量,该空间的电场对 x 轴形成对称分布,b、d 两点处的电场强度仅大小相同,其方向不同,所以 b、d 两点处的电场强度不相同,C 错.

将一试探电荷 $+q$ 沿圆周由 a 点移至 c 点的过程中,电场力做功为

$$W = qU_{ac} = q(\varphi_a - \varphi_c) > 0$$

因此 $+q$ 的电势能减小,D 正确.

说明 如果知道点电荷的电势公式

$$\varphi = k\frac{Q}{r}$$

并结合电势的叠加原理,可以更快地做出判断.

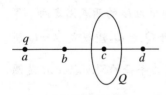

图 5.60

例题 5(2013 全国新课标Ⅰ) 如图 5.60 所示,一半径为 R 的圆盘上均匀分布着电荷量为 Q 的电荷,在垂直于圆盘且过圆心 c 的轴线上有 a、b、d 三个点,a 和 b、b 和 c、c 和 d 间的距离均为 R,在 a 点处有一电荷量为 $q(q>0)$ 的固定点电荷.已知 b 点处的场强为零,则 d 点处场强的大小为(k 为静电力常量)(   ).

A. $k\dfrac{3q}{R^2}$ B. $k\dfrac{10q}{9R^2}$ C. $k\dfrac{Q+q}{R^2}$ D. $k\dfrac{9Q+q}{9R^2}$

分析与解答 a 点处的点电荷在 b 点产生的场强大小为

$$E_q = k\frac{q}{R^2}$$

其方向沿 ab 向右.

已知 b 点处的场强为零,根据电场叠加原理知,带电圆盘在 b 处产生的场强大小一定为

$$E_Q = k\frac{q}{R^2}$$

其方向沿 cb 向左.

由于 d、b 两点相对圆盘对称分布,因此圆盘在 d、b 两点处产生的场强大小一定相等.根据电场的叠加原理,d 点处的电场强度由 q、Q 共同产生,它们两者在 d 点处产生的场强方向相同,所以其值为

$$E_d = k\frac{q}{(3R)^2} + k\frac{q}{R^2} = k\frac{10q}{9R^2}$$

选项 B 正确.

说明 利用对称性、结合电场的叠加原理,是突破本题的关键.下面是一个类似的问题,请继续练习一下,可加深体会.

练习题

(2005 上海) 如图 5.61 所示,带电量为 $+q$ 的点电荷与均匀带电薄板相距为 $2d$,点电荷到带电薄板的垂线通过板的几何中心,若图中 a 点处的电场强度为零.根据对称性,带电薄板在图中 b 点处产生的电场强度大小为_____,方向为_____.

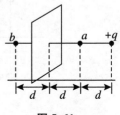

图 5.61

参考答案:$k\dfrac{q}{d^2}$;水平向左.

例题 6(2013 安徽) 如图 5.62 所示,xOy 平面是无穷大导体的表面,该导体充满 $z<0$ 的空间,$z>0$ 的空间为真空.将电量为 q 的点电荷置于 z 轴上 $z=h$ 处,则在 xOy 平面上会产生感

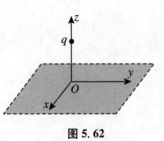

图 5.62

应电荷.空间任意一点处的电场皆是由点电荷 q 和导体表面上的感应电荷共同激发的.已知静电平衡时导体内部场强处处为零,则在 z 轴上 $z=\dfrac{h}{2}$ 处的场强大小为(k 为静电力常量)(　　).

A. $k\dfrac{4q}{h^2}$ B. $k\dfrac{4q}{9h^2}$ C. $k\dfrac{32q}{9h^2}$ D. $k\dfrac{40q}{9h^2}$

分析与解答　由于题中 xOy 平面是一个无限大的表面,其电势应该保持不变,为方便起见可以取为零值,即

$$\varphi_{xOy}=0$$

我们知道,正负电荷连线的中垂面必定是一个等势面,且其电势为零. 因此,如果我们用位于导体表面下方、与 q 处于对称位置的一个点电荷 $-q$(镜像电荷)代替平面上的感应电荷,xOy 平面仍然能保持等势面的性质不变(图 5.63).

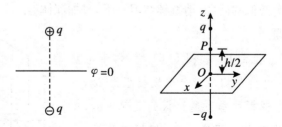

图 5.63

在 z 轴上 $z=\dfrac{h}{2}$ 处 P 点的场强,可以看成由两个点电荷共同产生的.它们在 P 点的场强大小分别为

$$E_q=k\dfrac{q}{\left(\dfrac{h}{2}\right)^2}=k\dfrac{4q}{h^2}$$

$$E_{-q}=k\dfrac{q}{\left(\dfrac{3h}{2}\right)^2}=k\dfrac{4q}{9h^2}$$

两者方向相同,因此其合场强为

$$E = E_q + E_{-q} = k\frac{4q}{h^2} + k\frac{4q}{9h^2} = k\frac{40q}{9h}$$

所以正确的是 D.

例题 7 电荷 q 均匀分布在半球面 ACB 上,球面半径为 R,CD 为通过半球顶点 C 与球心 O 的轴线,P、Q 为 CD 轴线上在 O 点两侧、离 O 点距离相等的两点(图 5.64). 已知 P 点的电势为 φ_P,试求 Q 点的电势 φ_Q. 已知点电荷的电势公式为 $\varphi = k\dfrac{q}{r}$.

图 5.64

分析与解答 设想在原半球面右方再加上一个电量也为 q 的相同均匀带电半球面 $AC'B$,两者组成一个完整的球面(图 5.65),则球内各点的电势处处相等,均为

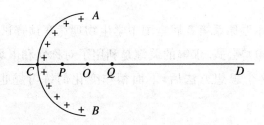

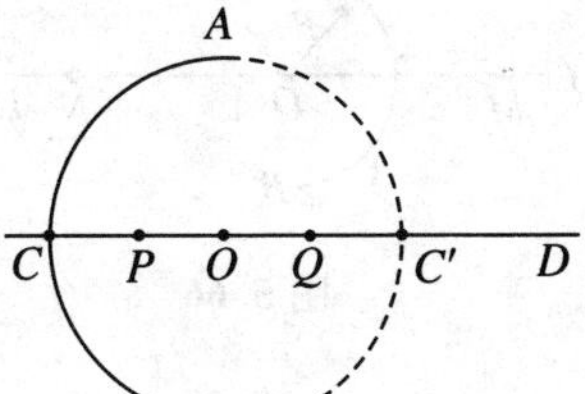

图 5.65

$$\varphi = k\frac{2q}{R}$$

根据电势的叠加原理,整个球面在球内各点的电势,可以看成是由两个半球面单独产生的电势共同形成的. 设左半球和右半球在 P 点产生的电势分别为 φ_P 和 φ'_P,则

$$\varphi = \varphi_P + \varphi'_P = k\frac{2q}{R}$$

根据题设条件，P、Q两点对称分布在CD轴线上球心O的两侧，由对称性知，右半球在P点的电势φ'_P必等于左半球在Q点的电势φ_Q，即

$$\varphi'_P = \varphi_Q$$

则

$$\varphi_P + \varphi'_P = \varphi_P + \varphi_Q = k\frac{2q}{R}$$

所以，左半球在Q点产生的电势为

$$\varphi_Q = k\frac{2q}{R} - \varphi_P$$

说明 本题原系第8届全国中学生物理竞赛预赛试题，这里补充了点电荷电势公式．求解的关键是利用了对称性和电场的叠加原理．领悟了这个思想方法后，下面稍作变化的练习题也就迎刃而解了．

练习题

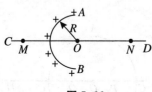

图 5.66

如图 5.66 所示，有一个半径为R的半球面AB，上面均匀分布着电量为q的正电荷．图中CD为通过半球面顶点与球心的轴线．在轴线上有M、N两点，$OM = ON = 2R$．已知M点的电场强度为E，则N点的电场强度大小为（　　）．

A. $\dfrac{kq}{2R^2} - E$　　B. $\dfrac{kq}{4R^2}$　　C. $\dfrac{kq}{4R^2} - E$　　D. $\dfrac{kq}{4R^2} + E$

参考答案：A．

例题 8 如图 5.67 所示，一个半径为R的半球形薄壳，其表面带有密度为σ的正电荷，试确定蒙在球壳的上表面（相当于鼓上的皮面）AB上各点的场强方向，算出各点的电势．

5 对称思想在中学物理解题中的应用

分析与解答 先设想构成一个完整的均匀带电球壳,其电荷密度也为 σ.

以 AB 面上某点 P 为顶点作两个对顶的锥体,其底面积分别为 S_1 和 S_2,如图 5.68 所示. 显然,以 P 为顶点,可以在上、下两个半球面上构筑一系列对顶的锥体.

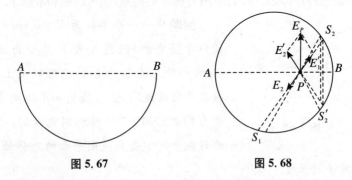

图 5.67　　　　图 5.68

因为 P 点的场强等于零,所以由每两个对顶锥体底面上的电荷(如 σS_1、σS_2 等)在 P 点产生的合场强必为零,即它们在 P 点的场强方向一定等值反向,也即

$$E_1 = -E_2$$

再在下半个球面上取一个与 S_2 对称于 AB 面的面元 S_2',它在 P 点产生的场强 E_2' 的大小与 E_2 相等,其方向与 E_2 对称分布在 AB 面两侧. 因此,由面元 S_1 和 S_2' 上的电荷在 P 点产生的合场强 E_P 一定垂直于 AB 面.

由于 P 是任意选取的一点,可见上述关系对 AB 面上各点都是成立的. 所以,由下半个均匀带电球壳在 AB 面上产生的场强一定都垂直于 AB 面. 根据场强与等势面的关系可知,AB 面就是一个等势面.

因为整个均匀带电球壳在球内产生的电势为

$$\varphi = k\frac{Q}{R} = k\frac{4\pi R^2 \sigma}{R} = 4\pi kR\sigma$$

这个电势是由于上、下两个半球壳产生的电势叠加的结果,所以,半

个均匀带电球壳在 AB 面上产生的电势为

$$\varphi' = \frac{1}{2}\varphi = 2\pi kR\sigma$$

说明 题中原来的半球形薄壳是一个不规则的带电体,难以直接确定和计算其 AB 面上的场强和电势.通过先构成一个完整的球壳,根据电场的叠加原理,并结合应用对称性的特点,就可以顺利求解了.

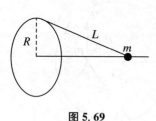

图 5.69

例题 9 一个半径为 $R = 5$ cm 的线圈位于竖直面内(图 5.69).质量为 $m = 1$ g 的小球系在长为 L 的绝缘轻绳上,悬挂在线圈的最高点.当线圈和小球两者都带有 $Q = 9 \times 10^{-8}$ C 的相同电荷时,小球恰好能平衡于垂直线圈平面的对称轴上,试求绳子的长度.

分析与解答 线圈上的电荷属于线电荷分布,为了运用点电荷的相互作用规律,可以将线圈分成很细小的 n 个单元,每个电荷元的电量为

$$\Delta q = \frac{Q}{n}$$

当 n 很大时,每个电荷元都可以看成点电荷.线圈上各个电荷元对小球形成的斥力大小均为

$$\Delta F = k \frac{\Delta q \, Q}{L^2}$$

由于线圈上的电荷对称分布,各个库仑斥力垂直于轴线方向的力互相平衡,沿着轴线方向的合力

$$F_x = \sum \Delta F \cos \alpha = \sum k \frac{\Delta q \, Q}{L^2} \cos \alpha$$

$$= k \frac{Q \cos \alpha}{L^2} \sum \Delta q = k \frac{Q^2}{L^2} \cos \alpha$$

5 对称思想在中学物理解题中的应用

以小球为研究对象,它在重力、库仑力和轻绳拉力作用下处于平衡状态(图 5.70). 由

$$T\sin\alpha = mg, \quad T\cos\alpha = F_x$$

又有

$$\sin\alpha = \frac{R}{L}$$

联立三式得

$$Lmg\cos\alpha = RF_x = R \cdot k\frac{Q^2}{L^2}\cos\alpha$$

所以绳子长度

$$L = \sqrt[3]{\frac{kRQ^2}{mg}} = \sqrt[3]{\frac{9\times10^9\times0.05\times(9\times10^{-8})^2}{1\times10^{-3}\times9.8}} \text{ m} \approx 7.2\times10^{-2} \text{ m}$$

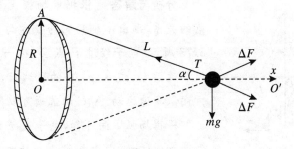

图 5.70

说明 本题原系早期国际物理奥林匹克竞赛试题. 采用微元分割结合对称思维,就可以化解原来线电荷分布的难点.

例题 10(2004 北京) 静电透镜是利用静电场使电子束会聚或发散的一种装置,其中某部分静电场的分布如图 5.71 所示. 虚线表示这个静电场在 xOy 平面内的一簇等势线,等势线的形状相对于 Ox 轴、Oy 轴对称,等势线的电势沿

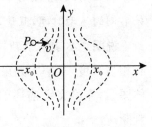

图 5.71

x 轴正向增加,且相邻两等势线的电势差相等. 一个电子经过 P 点(其横坐标为 $-x_0$)时,速度与 Ox 轴平行. 适当控制实验条件,使该电子通过电场区域时仅在 Ox 轴上方运动. 在通过电场区域过程中,该电子沿 y 方向的分速度 v_y 随位置坐标 x 变化的示意图是图 5.72 中的( ).

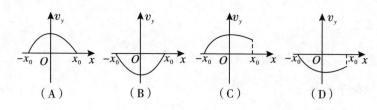

图 5.72

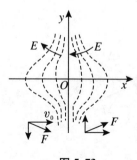

图 5.73

分析与解答 根据电场强度与电势降落的关系,画出 y 轴两侧场强方向大体如图 5.73 所示. 电子经过 P 点后,在 $-y$ 方向先做加速运动,进入 $x>0$ 的区域后,再沿 $-y$ 方向做减速运动. A、C 两选项可以先排除.

根据场强方向可知,电子在 x 方向始终做着加速运动. 由于电子沿 x 轴方向从 $-x_0$ 到 x_0 空间位置的对称性,则它在 y 轴两侧运动时间必然不对称,电子从 $-x_0$ 运动到 y 轴的平均速度,一定小于从 y 轴运动到 x_0 处的平均速度,即在 y 轴左侧的运动时间大于在 y 轴右侧的运动时间,且速度不会减小到零. 所以正确的是 D.

说明 本题情景新颖,要求的又是分运动 v_y 对 x 坐标的关系,有相当难度. 求解中如果能如图 5.73 所示,依次画出场强、力的大体图示,先将文字描述的情景形象化,将会非常有助于进行分析、判断.

解答中,先排除 A、C 后,比较运动时间的长短也是一个难点. 为此,可从 x 方向的分运动——匀加速运动考虑,借助 v_x-t 图像的面积关系,即可比较 y 轴两侧的运动时间.

例题 11(2014 山东) 如图 5.74 所示,场强大小为 E、方向竖直向下的匀强电场中有一矩形区域 $abcd$,水平边 ab 长为 s,竖直边 ad 长为 h. 质量均为 m、带电荷量分别为 $+q$ 和 $-q$ 的两粒子,由 a、c 两点先后沿 ab 和 cd 方向以速率 v_0 进入矩形区(两粒子不同时出现在电场中). 不计重力,若两粒子轨迹恰好相切,则 v_0 等于( ).

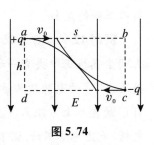

图 5.74

A. $\dfrac{s}{2}\sqrt{\dfrac{2qE}{mh}}$ B. $\dfrac{s}{2}\sqrt{\dfrac{qE}{mh}}$ C. $\dfrac{s}{4}\sqrt{\dfrac{2qE}{mh}}$ D. $\dfrac{s}{4}\sqrt{\dfrac{qE}{mh}}$

分析与解答 两粒子射入电场后,在电场力作用下做平抛运动,其加速度相同,均为

$$a = \frac{qE}{m}$$

由于两粒子的运动轨迹恰好相切,形成对称分布的图形,因此在切点处的速度方向与水平方向间的夹角一定相同. 设粒子进入电场后,运动到切点处的时间分别为 t_1、t_2,则由切点速度方向知

$$\frac{v_0}{at_1} = \frac{v_0}{at_2} \Rightarrow t_1 = t_2$$

根据两粒子到达切点处的水平位移和竖直位移之和的关系,有关系式

$$v_0 t_1 + v_0 t_2 = s$$
$$\frac{1}{2}at_1^2 + \frac{1}{2}at_2^2 = h$$

联立两式并代入 $t_1 = t_2$ 的关系,即得

$$v_0 = \frac{s}{2}\sqrt{\frac{qE}{mh}}$$

所以正确的是 B.

例题 12 如图 5.75(a)所示,两金属板 P、Q 水平放置,间距为 d. 两金属板正中央有一水平放置的金属网 G,P、Q、G 的尺寸相同,G 接地,P、Q 的电势均为 $\varphi(\varphi>0)$. 质量为 m、电荷量为 $q(q>0)$ 的粒子自 G 的左端上方距离 G 为 h 的位置,以速度 v_0 平行于纸面水平射入电场,重力忽略不计. 若粒子恰好从 G 的下方距离 G 也为 h 的位置离开电场,则金属板的长度最短应为( )

A. $v_0\sqrt{\dfrac{mhd}{q\varphi}}$ B. $2v_0\sqrt{\dfrac{mhd}{q\varphi}}$

C. $v_0\sqrt{\dfrac{2mhd}{q\varphi}}$ D. $2v_0\sqrt{\dfrac{2mhd}{q\varphi}}$

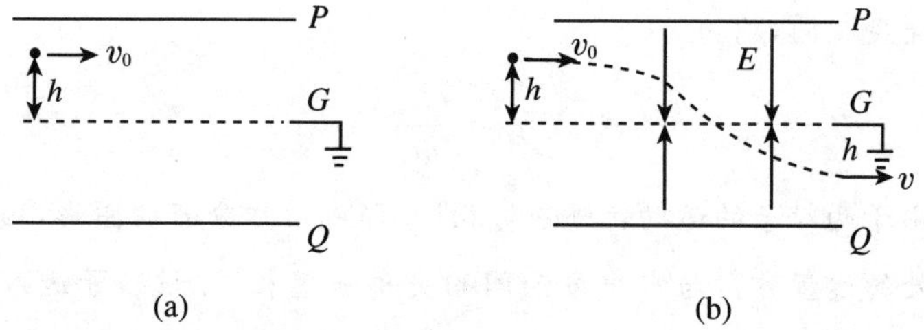

(a)   (b)

图 5.75

分析与解答 两板间的电场方向分别从 P、Q 指向 G,其大小均为

$$E = \frac{U_{PG}}{d/2} = \frac{2\varphi}{d}$$

粒子射入后,在电场力作用下做类平抛运动,设到达网板 G 的动能和水平距离分别为 E_K 和 x,则由动能定理和平抛运动规律知

$$E_K = \frac{1}{2}mv_0^2 + qEh = \frac{1}{2}mv_0^2 + \frac{2qh\varphi}{d}$$

$$x = v_0 t = v_0\sqrt{\frac{2h}{a}} = v_0\sqrt{\frac{2h}{\frac{qE}{m}}} = v_0\sqrt{\frac{mhd}{q\varphi}}$$

粒子越过网板 G 进入 GQ 间电场后,受到的电场力方向向上,使粒子在竖直方向做匀减速运动. 由于上下电场强度大小相等,由对称性可知粒子经过距离 h 时在电场线方向的速度恰好减小为零,粒子从 G 的下方距离 G 也为 h 的位置离开电场时,其速度方向必然也为水平向左,上下两段轨迹形成对称的图形(图 5.75(b)). 于是,立即可知,金属板的最短长度应该为

$$l_{\min} = 2x = 2v_0\sqrt{\frac{mhd}{q\varphi}} \quad \text{(B 正确)}$$

说明 本题取自 2019 年新课标 2 卷试题,突出了对称性,稍稍比原题提升了难度. 如果能够从类平抛运动,领悟到运动轨迹的对称性,立即可以作出判断了.

例题 13 如图 5.76(a)所示,一条长为 l 的细线,上端固定,下端拴一质量为 m 的带电小球. 将它置于匀强电场中,电场强度的大小为 E,方向水平向右. 已知当细线偏离竖直位置的角度为 α 时,小球处于平衡状态. 如果使细线的偏角由 α 增大到 φ,然后将小球由静止开始释放,则 φ 为多大时,才能使细线摆到竖直位置时小球的速度刚好为零?

分析与解答 常规的解法如下:由电场方向和小球平衡时的偏向知,小球必带正电. 根据对小球的受力分析(图 5.76(b)),平衡时满足条件

$$T\cos\alpha = mg$$
$$T\sin\alpha = qE$$

得小球带电量

$$q = \frac{mg\tan\alpha}{E}$$

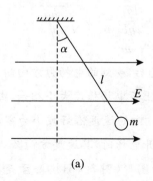
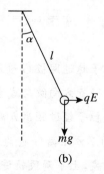

图 5.76

在细线偏角由 α 增大至 φ，并由静止运动到竖直位置的过程中，由动能定理

$$mgl(1-\cos\varphi) - qEl\sin\varphi = 0$$

或

$$\frac{1-\cos\varphi}{\sin\varphi} = \frac{qE}{mg}$$

即

$$\tan\frac{\varphi}{2} = \frac{qE}{mg} = \frac{mg\tan\alpha}{E} \cdot \frac{E}{mg} = \tan\alpha$$

所以

$$\varphi = 2\alpha$$

说明 上面的计算方法整个过程比较复杂，而且还需要熟练地掌握三角变换公式．如果洞察到这里运动的对称性，可以很快得出结果．

把重力和电场力等效为一个力 mg'，这个小球就相当于在大小为 g' 的倾斜力场中振动，对竖直方向的偏角为 α 时，小球处于平衡位置 O（图 5.77）．

要求细线到达竖直位置时小球的速度为零，显然，该竖直位置就是小球振动中的一个极端位置.根据振动的对称性,小球在另一个极端位置时,细线相对平衡位置 O 的偏角一定也为 α.因此,应该使细线偏离竖直方向的夹角

$$\varphi = 2\alpha$$

这样,通过对称性的分析,无需列式计算就可以迅速得出结果,充分表现了对称性思考的优越性.

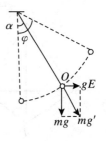

图 5.77

下面的问题,把要求稍作变化,如果能领悟到这里隐含的对称性,就可以利用两个极端位置的对称性和平衡位置的最大速度条件求解了,请试一试.

练习题

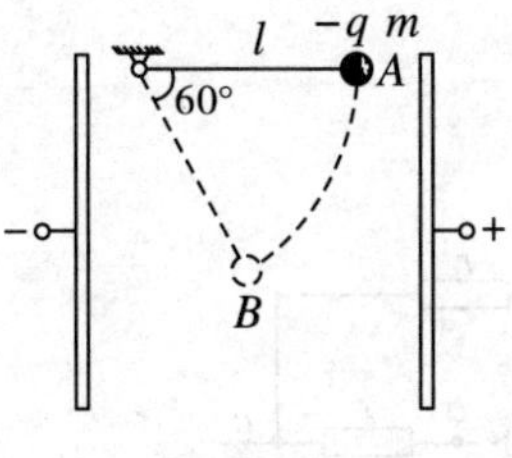

如图 5.78 所示,在平行板电场中,用长为 l 的细线悬挂一个质量为 m、电量为 $-q$ 的小球.先将小球拉至使悬线呈水平伸直位置 A,然后轻轻释放,小球摆动到悬线与水平方向间夹角为 $\theta = 60°$ 位置,B 的速度恰好为零,试求:

图 5.78

(1) 小球到达 B 点时,细线中的张力和球的加速度为多大?

(2) 小球运动过程中的最大速度是多少?

参考答案:(1) $T_B = \sqrt{3}mg$,$a_B = g$;(2) $v_{max} = \sqrt{2gl(2-\sqrt{3})}$.

⭐ 5.5 电路的对称性

这是一种很直观的结构对称.为了计算其等效电阻,借助于结构的对称性,采用电流分配法、等电势法、分离节点法等方法,就可以将它们简化为具有明显的串联和并联关系,从而进行计算.

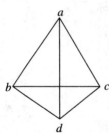

图 5.79

例题 1 如图 5.79 所示的电路中,用六根电阻都为 r 的电阻丝组成一个锥形网络,试求每两个顶点之间的总电阻.

分析与解答 这个电路对于任何两个顶点,电路结构完全对称,因此可以选择任意两个顶点进行求解.

以 b、c 两顶点为例.设电流从 b 点流入,c 点流出.由于电路结构的对称性,a、d 两点的电势必定相等.ba、bd 和 ac、dc 四根电阻丝构成平衡电桥,电阻丝 ad 中没有电流.

因此,为了计算 b、c 两点间的总电阻,原电路可以简化成如图 5.80 所示的电路.于是,立即可以算出 b、c 间的电阻为

$$R_{bc} = r \mathbin{/\mkern-5mu/} 2r \mathbin{/\mkern-5mu/} 2r = \frac{r}{2}$$

这也就是任何两个顶点之间的总电阻.

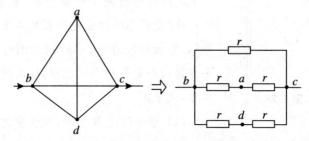

图 5.80

练习题

有 8 个阻值均为 $30\,\Omega$ 的电阻,连接成如图 5.81 所示的电路,则 A、C 两端间的总电阻为_____ Ω.

参考答案:20.

例题 2 7 个相同的电阻构成如图 5.82

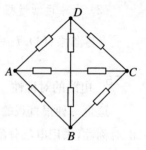

图 5.81

所示的电路,则 A、B 之间的等效电阻多大?

分析与解答 设恒定电流 I 从 A 点流入,经网络后从 B 点流出. 若流过 AC 间电阻的电流为 I_1,则流过 AF 间电阻的电流应为 $I-I_1$. 由于对称性,流过 DB 和 EB 间电阻的电流必定分别为 I_1 和 $I-I_1$(相当于看成电流从 B 点流入). 因此,流过各个电阻的电流如图 5.83 所示.

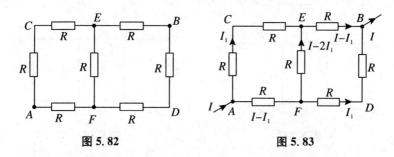

图 5.82　　　　图 5.83

考虑从 A 点经网络中两条不同的路径 $A \to C \to E$ 和 $A \to F \to E$ 到达 E 点,由于其电势降落相等,有关系式

$$I_1 \cdot 2R = (I-I_1)R + (I-2I_1)R$$

得

$$I_1 = \frac{2}{5}I$$

再考虑 $A \to C \to E \to B$ 的路径,有关系式

$$U_{AB} = I_1 \cdot 2R + (I-I_1)R = \frac{7}{5}IR$$

所以 A、B 之间的等效电阻

$$R_{AB} = \frac{U_{AB}}{I} = \frac{7}{5}R$$

说明 本题的基本思想是分流法和对称性. 下面的问题稍稍复杂一些,但基本方法是一致的. 请同学们对上面例题能够融会贯通后,先自己练习,然后再与提示比较,这样有助于加深对这种分流-对称方法的体会.

练习题

由 10 根电阻均为 R 的电阻丝组成如图 5.84 所示的网络,试求 A、B 两端间的等效电阻.

答案:$\dfrac{15}{8}R$.

提示:设电流 I 从 A 点流入、B 点流出,根据分流法和对称性可知流过各个电阻丝的电流如图 5.85 所示.

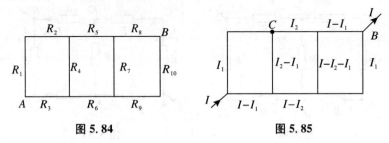

图 5.84　　　　　　　图 5.85

由对称性,流过网络中间 R_5、R_6 的两电流与流过 R_4、R_7 的两电流,应该分别相等,即

$$I_2 = I - I_2 \qquad ①$$

$$I_2 - I_1 = I - I_2 - I_1 \qquad ②$$

分别均可得

$$I_2 = \dfrac{I}{2} \qquad ③$$

然后,选取不同路径 $A \rightarrow C$ 和 $A \rightarrow C \rightarrow B$,由电势降落相等的关系分别有

$$I_1 \cdot 2R = (I - I_1)R + (I_2 - I_1)R \qquad ④$$

$$U_{AB} = I_1 \cdot 2R + I_2 R + (I - I_1)R \qquad ⑤$$

将式③、式④联立,得

$$I_1 = \dfrac{3}{8}I \qquad ⑥$$

将式③、式⑥的结果代入式⑤,根据等效电阻的意义即得.

例题 3　如图 5.86 所示,用 12 根电阻均为 r 的电阻丝组成一个正方体形的网络,试计算两个对顶的端点 a、g 间的总电阻.

分析与解答 为了计算 a、g 两个端点间的总电阻,可以设想从 a 端流入网络一个电流 I,然后根据电流分配或电势的关系进行计算(图 5.87).相应地可以采用以下两种方法.

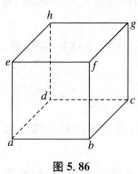
图 5.86

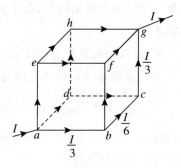
图 5.87

(1) 电流分配法

电流 I 从 a 端流入后,根据对称性,从 a 端向 ab、ad、ae 三个方向的电流都相同,均为 $\frac{I}{3}$.同理,流入 b 点的电流向 bc、bf 两方向的电流也相等,均为 $\frac{I}{6}$;而由 c 点流向 g 点的电流又为 $\frac{I}{3}$ (图 5.88).

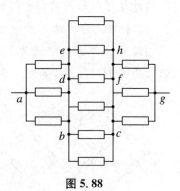
图 5.88

根据欧姆定律知

$$U_{ag} = \frac{I}{3}r + \frac{I}{6}r + \frac{I}{3}r = \frac{5}{6}Ir$$

所以,a、g 两端点间的总电阻(等效电阻)为

$$R_{ag} = \frac{U_{ag}}{I} = \frac{5}{6}r$$

(2) 等电势点法

根据对称性,流经 ab、ad、ae 三根电阻丝的电流都相同,均为 $\frac{I}{3}$,

在这三根电阻丝上的电势降落相等,b、d、e 三点为等电势点,因而 ab、ad、ae 三根电阻丝之间是并联关系.

同理,c、f、h 三点的电势也相等,对应的三根导线 gc、gf、gh 三根电阻丝也是并联关系.

余下的其他六根电阻丝,由于其两两的电势都对应相等,自然也是并联关系.

于是,原来的电路就可以化成如图 5.88 所示的电路. 这样,立即可以算出 a、g 两端点间的总电阻为

$$R_{ag} = \frac{r}{3} + \frac{r}{6} + \frac{r}{3} = \frac{5}{6}r$$

例题 4　如图 5.89 所示的电阻网络,每个电阻的阻值均为 r,试求 AB 两端间的总电阻.

分析与解答　对 A、B 两端点来说,电路结构完全对称,等效电阻的计算可以采用前面介绍的三种方法.

(1) 电流分配法

设从 A 端流入电流为 I,通过几个对称的节点分流后,电流强度依次为 I_1、I_2、I_3、I_4,如图 5.90 所示.

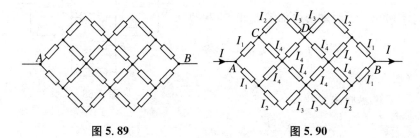

图 5.89　　　　　图 5.90

根据对称性可知

$$I_1 = \frac{I}{2}, \quad I_2 = I_3 = \frac{I}{2} - I_4$$

设每个电阻为 r,根据欧姆定律得 CD 间的电压为

$$U_{CD} = I_3 r + I_2 r = 2I_2 r = 2I_4 r$$

即

5 对称思想在中学物理解题中的应用

$$2\left(\frac{I}{2} - I_4\right)r = 2I_4 r$$

得

$$I_4 = \frac{I}{4}$$

则

$$I_2 = I_3 = \frac{I}{2} - I_4 = \frac{I}{2} - \frac{I}{4} = \frac{I}{4}$$

所以,AB 间的等效电阻为

$$R_{AB} = \frac{U_{AB}}{I} = \frac{2(I_1 + I_2 + I_3)r}{I} = \frac{2\left(\frac{I}{2} + \frac{I}{4} + \frac{I}{4}\right)r}{I} = 2r$$

(2) 等电势点法

根据对称性很容易确定原电路中的等电势点,然后画出等电势线,如图 5.91(a)所示.于是,立即可画出等效电路,如图 5.91(b)所示.

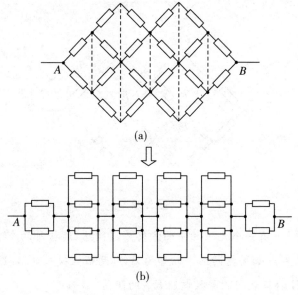

图 5.91

所以，AB 间的等效电阻为

$$R_{AB} = \frac{r}{2} + \frac{r}{4} + \frac{r}{4} + \frac{r}{4} + \frac{r}{4} + \frac{r}{2} = 2r$$

（3）分离节点法

把电路中 E、F 两节点分别分离成电势相等的 E_1、E_2 和 F_1、F_2 两节点，如图 5.92 所示。这样，原来的复杂网络就变成了简单的串、并联电路关系，于是立即可算出 AB 间的总电阻为

$$R_{AB} = 2r$$

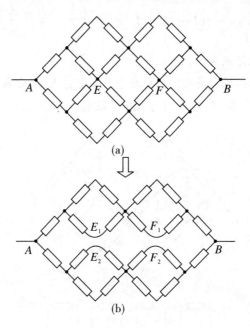

图 5.92

例题 5 有一个无限的平面方格导线网络，连接每两个节点的导线电阻都为 r。如果把网络中相邻的 A、B 两节点接入电路（图 5.93），试求 A、B 两节点间的等效电阻 R_{AB} 的阻值。

分析与解答 由于这个无限方格网络各段电阻线之间形成很复

5 对称思想在中学物理解题中的应用

杂的连接关系,因此无法根据串、并联关系画出等效电路进行计算,必须另辟蹊径.

研究这种网络常用的一个方法,就是结合对称性用电流叠加方法——若一个线性电路有许多电流源,则通过电路中任一支路的电流,等于各电流源单独存在时,在该支路中产生的电流之和.

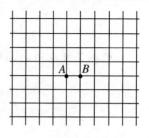

图 5.93

如图 5.94 所示,假设有一个电流源接入节点 A,向网络提供电流 I. 由于无限网络的各向对称性,从节点 A 向四个方向流出的电流都是 $\dfrac{I}{4}$. 这就是说,从 A 流向 B 的电流为 $\dfrac{I}{4}$.

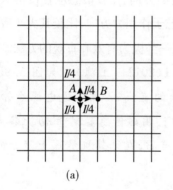
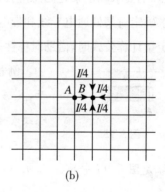

图 5.94

同理,如有电流 I 从节点 B 流出,则从节点 A 流向 B 的电流也为 $\dfrac{I}{4}$ (图 5.94(b)).

因此,若同时考虑从节点 A 流入和从节点 B 流出的电流,则通过 AB 导线段的电流为

$$I_{AB} = \dfrac{I}{4} + \dfrac{I}{4} = \dfrac{I}{2}$$

则 A、B 两节点间的电压为

$$U_{AB} = I_{AB}r = \frac{1}{2}Ir$$

根据等效电阻的物理意义,可知 A、B 两节点间的等效电阻为

$$R_{AB} = \frac{U_{AB}}{I} = \frac{\frac{1}{2}Ir}{I} = \frac{1}{2}r$$

5.6 磁场的对称性

有关磁场中的对称性,在具体物理问题中主要表现为两方面.

(1) 磁场分布的空间对称性

直线电流和通电螺旋管在周围空间产生的磁场,都具有对称分布的特点.当要求确定某处磁感应强度的方向、比较磁感应强度的大小,或要求确定对某处通电导线和带电粒子作用力方向、比较其大小等,在缺乏定量计算公式时,借助对称性是一个极为有效和直观的方法.

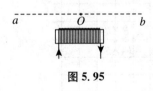

图 5.95

例题 1(2013 上海) 如图 5.95 所示,足够长的直线 ab 靠近通电螺线管,与螺线管平行.用磁传感器测量 ab 上各点的磁感应强度 B,在计算机屏幕上显示的大致图像是图 5.96 中的( ).

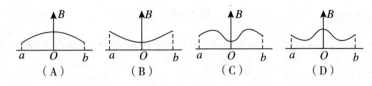

图 5.96

分析与解答 通电螺旋管外部空间的磁场,在平行于螺旋管轴线方向上形成对称的分布——螺旋管中央的磁感应强度最小,从中央向两侧先是逐渐增强,后逐渐减弱.因此用磁传感器测量图中 ab

线上各点的磁感应强度,在计算机屏幕上显示的图像大致如图 5.96 中的(C)所示.

例题 2(2012 全国理综) 如图 5.97 所示,两根互相平行的长直导线过纸面上的 M、N 两点,且与纸面垂直,导线中通有大小相等、方向相反的电流. a、O、b 在 M、N 的连线上,O 为 MN 的中点,c、d 位于 MN 的中垂线上,且 a、b、c、d 到 O 点的距离均相等. 关于以上几点处的磁场,下列说法正确的是( ).

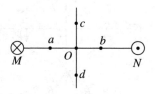

图 5.97

A. O 点处的磁感应强度为零

B. a、b 两点处的磁感应强度大小相等,方向相反

C. c、d 两点处的磁感应强度大小相等,方向相同

D. a、c 两点处的磁感应强度方向不同

分析与解答 在两根导线周围空间的磁场,都是由两根电线中的电流共同产生的——空间各处的磁感应强度,都等于两根导线中电流在该处产生的磁感应强度的矢量和.

在 O 点处,根据安培定则可知,两导线所产生的磁感应强度的方向相同(向下),其合磁感应强度不可能为零,A 错.

在 a、b 两点处,由于其位置的对称性,两导线所产生的磁感应强度合成后的大小相等,但两点处合磁场的方向相同(向下),B 错.

在 c、d 两点处,根据安培定则,两导线所产生的磁感应强度都在以导线为中心、通过 c 点和 d 点圆周的切线方向上. 由于 c、d 两点处位置的对称性,合成的结果是其大小相等、方向相同(向下),C 正确.

在 a、c 两点处,其合磁感应强度的方向相同(向下),D 错.

说明 目前中学物理教材中只有安培定则,没有引入直线电流

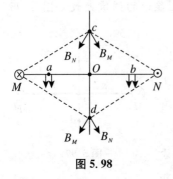

图 5.98

磁场的计算公式,因此本题的判断(尤其是比较 a、b 两处)主要得借助对称性.

为了不至于混淆,判断中可以如图 5.98 所示分别标出 M、N 所产生的磁场方向,能够给正确选择和检查带来方便.

例题 3(2013 海南) 三条在同一平面(纸面)内的长直绝缘导线组成一等边三角形,在导线中通过的电流均为 I,方向如图 5.99 所示. a、b、c 三点分别位于三角形的三个顶角的平分线上,且到相应顶点的距离相等. 将 a、b 和 c 处的磁感应强度大小分别记为 B_1、B_2 和 B_3,下列说法正确的是( ).

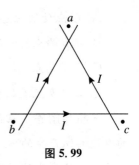

图 5.99

A. $B_1 = B_2 < B_3$

B. $B_1 = B_2 = B_3$

C. a 和 b 处磁场方向垂直于纸面向外,c 处磁场方向垂直于纸面向里

D. a 处磁场方向垂直于纸面向外,b 和 c 处磁场方向垂直于纸面向里

分析与解答 这里每一个点的磁感应强度都是由三根导线中的电流共同产生的. 对 a、b 两点,两侧导线中的电流产生的磁场方向相反,互相抵消,仅由对面导线中的电流产生,其磁场方向垂直纸面向外. 对 c 点,三根导线中的电流产生的磁场方向都是垂直纸面向里,C 正确,D 错.

由于在 c 点的磁场是三根导线中的电流产生的磁场同向叠加,

因此磁感应强度的大小关系为

$$B_1 = B_2 < B_3$$

A 正确,B 错. 所以答案为 A、C.

例题 4(2013 安徽) 图 5.100 中 a、b、c、d 为四根与纸面垂直的长直导线,其横截面位于正方形的四个顶点上,导线中通有大小相同的电流,方向如图所示. 一带正电的粒子从正方形中心 O 点沿垂直于纸面的方向向外运动,它所受洛伦兹力的方向是( ).

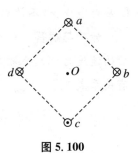

图 5.100

A. 向上   B. 向下

C. 向左   D. 向右

分析与解答 正方形中心的磁场由四根导线中的电流共同产生. 由于每根导线中的电流大小相同,它们在中心 O 点产生的磁感应强度的大小也相同.

根据磁场分布的对称性,b、d 两导线在 O 点的磁场互相抵消,O 点的磁场仅由 a、c 两导线中的电流决定,其合磁场的方向水平向左. 因此,带正电的粒子从正方形中心 O 点沿垂直于纸面的方向向外运动时,它所受洛伦兹力的方向向下,B 正确.

(2) 带电粒子在磁场中运动的对称性

带点粒子在匀强磁场中受到洛伦兹力作用做匀速圆周运动,具有鲜明的对称性,其运动轨迹常常形成对称的美丽图案,是一种非常典型的具有对称特征的问题.

例题 1(2000 全国) 如图 5.101 所示,两个共轴的圆筒形金属电极,外电极接地,其上均匀分布着平行于轴线的四条狭缝 a、b、c 和 d,外筒的外半径为 r_0. 在圆筒之外足够大区域中有平行于轴线方向的均匀磁场,磁感应强度的大小为 B. 在两极间加上电压,使两圆筒之间的区域内有沿半径向外的电场。一质量为 m、带电量为 $+q$ 的粒子，从紧靠内筒且正对狭缝 a 的 S 点出发，初速为零。如果该粒子经过一段时间的运动之后恰好又回到出发点 S，则两电极之间的电压 U 应是多少？（不计重力，整个装置在真空内）

分析与解答 粒子从 S 点出发后，设经两圆筒之间的电场加速后的速度为 v，进入磁场后，在洛伦兹力作用下做匀速圆周运动，依次有关系式

$$qU = \frac{1}{2}mv^2 \qquad ①$$

$$qvB = m\frac{v^2}{R} \qquad ②$$

根据题意，要求粒子最后又回到出发点 S，必须使粒子能够从狭缝 b（或 d）沿径向飞入，在两筒壁之间先做减速运动，然后又反向加速从原狭缝飞出。依次循环，其轨迹形成如图 5.102 所示对称的图形。

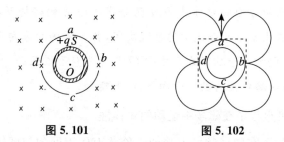

图 5.101　　　图 5.102

因此，粒子在磁场中做圆周运动的半径必须满足条件

$$R = r_0 \qquad ③$$

联立式①～式③，即得两电极之间的电压为

$$U = \frac{qr_0^2 B^2}{2m}$$

说明 由于四条狭缝是均匀分布的，要求粒子能够回到出发点，粒子在磁场中必须经历对称的圆周运动。画出粒子的运动示意图后，

可以认为基本上已经解出来了.

例题 2(2013 全国新课标Ⅰ) 如图 5.103 所示,半径为 R 的圆是一圆柱形匀强磁场区域的横截面(纸面),磁感应强度大小为 B,方向垂直于纸面向外.一电荷量为 $q(q>0)$、质量为 m 的粒子沿平行于直径 ab 的方向射入磁场区域,射入点与 ab 的距离为 $\frac{R}{2}$. 已知粒子射出磁场与射入磁场时运动方向间的夹角为 $60°$,则粒子的速率为(不计重力)( ).

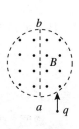

图 5.103

A. $\dfrac{qBR}{2m}$ B. $\dfrac{qBR}{m}$ C. $\dfrac{3qBR}{2m}$ D. $\dfrac{2qBR}{m}$

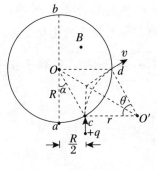

图 5.104

分析与解答 连接圆心 O 与入射点 c,由图 5.104 根据几何知识知,圆心角

$$\angle aOc = \alpha = 30°$$

从入射点 c 作入射方向的垂线,粒子在磁场中做圆弧运动的圆心一定在该直线上. 设其圆心为 O',运动半径为 r,由题设条件知出射方向与入射方向间夹角为 $60°$,即其运动圆弧所对的圆心角为

$$\theta = 60°$$

连接 OO',由对称性可知,OO' 必定是运动圆弧的平分线,则

$$\angle cOO' = \angle cO'O = 30°$$

即 $\triangle cOO'$ 为等腰三角形,因此粒子在磁场中做圆弧运动的半径

$$r = R$$

根据洛伦兹力作为向心力的关系,由

$$qvB = m\frac{v^2}{r} = m\frac{v^2}{R}$$

得粒子的运动速率

$$v = \frac{qBR}{m}$$

所以正确的是 B.

说明 本例和下面的例题 3,结合示意图借助对称性的特点,体现得很充分,请结合前面的叙述加以对照体会.

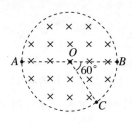

图 5.105

例题 3(2012 安徽) 如图 5.105 所示,圆形区域内有垂直于纸面向里的匀强磁场,一个带电粒子以速度 v 从 A 点沿直径 AOB 方向射入磁场,经过 Δt 时间从 C 点射出磁场,OC 与 OB 成 $60°$ 角.现将带电粒子的速度变为 $\frac{v}{3}$,仍从 A 点射入磁场,不计重力,则粒子在磁场中的运动时间变为( ).

A. $\frac{1}{2}\Delta t$ B. $2\Delta t$ C. $\frac{1}{3}\Delta t$ D. $3\Delta t$

分析与解答 根据粒子的入射方向和出射方向作出它们的垂线,其交点即为粒子在磁场做圆弧运动的圆心 O_1(图 5.106).设圆弧的半径为 r_1,其所对应的圆心角为 $2\theta_1$,根据洛伦兹力作为向心力的条件和几何知识可知

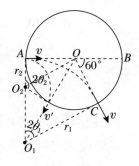

图 5.106

$$r_1 = \frac{mv}{qB}$$

$$2\theta_1 = \angle AO_1C = 60°$$

则

$$r_1 = \frac{R}{\tan\theta_1} = \sqrt{3}R$$

其运动时间

$$\Delta t_1 = \frac{1}{6}T$$

当粒子的入射速度变为 $v' = \dfrac{v}{3}$ 时，它在磁场中做圆弧运动的半径相应地变为

$$r_2 = \frac{mv'}{qB} = \frac{1}{3}r_1$$

其圆心一定是 AO_1 上的某点 O_2. 根据入射和出射的对称性，连接 OO_2 就是速度为 $v' = \dfrac{v}{3}$ 时运动圆弧的平分线，其运动圆弧所对的圆心角设为 $2\theta_2$，由

$$\tan\theta_2 = \frac{R}{r_2} = \frac{R}{\frac{1}{3}r_1} = \sqrt{3}, \quad 即 \quad \theta_2 = 60°$$

则

$$2\theta_2 = 120°$$

对应的运动时间为

$$\Delta t_2 = \frac{1}{3}T = 2\Delta t_1$$

所以正确的是 B.

例题 4(2013 天津) 一圆筒的横截面如图 5.107 所示，其圆心为 O. 筒内有垂直于纸面向里的匀强磁场，磁感应强度为 B. 圆筒下面有相距为 d 的平行金属板 M、N，其中 M 板带正电荷，N 板带等量负电荷. 质量为 m、电荷量为 q 的带正电粒子自 M 板边缘的 P 处由静止释放，经 N 板的小孔 S 以速度 v 沿半径 SO 方向射入磁场中. 粒子与圆筒发生

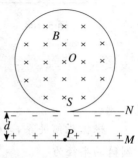

图 5.107

两次碰撞后仍从 S 孔射出,设粒子与圆筒碰撞过程中没有动能损失,且电荷量保持不变,在不计重力的情况下,求:

(1) M、N 间电场强度 E 的大小;

(2) 圆筒的半径 R;

(3) 保持 M、N 间电场强度 E 不变,仅将 M 板向上平移 $\frac{2}{3}d$,粒子仍从 M 板边缘的 P 处由静止释放,粒子自进入圆筒至从 S 孔射出期间,与圆筒的碰撞次数 n.

分析与解答 (1) 正粒子从 P 点由静止释放后,经电场加速,根据动能定理

$$qEd = \frac{1}{2}mv^2 \qquad ①$$

得 M、N 间电场强度的大小为

$$E = \frac{mv^2}{2qd} \qquad ②$$

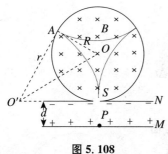

图 5.108

(2) 要求正粒子与圆筒发生两次碰撞后仍然从 S 孔射出,它在磁场中必然形成如图 5.108 所示对称的运动轨迹. 设 AS 弧的圆心为 O',半径为 r,它所对的圆心角 $\angle AO'S=60°$. 粒子在磁场中由洛伦兹力作为向心力,有

$$qvB = m\frac{v^2}{r} \qquad ③$$

得

$$r = \frac{mv}{qB} \qquad ④$$

根据几何关系,$\angle OAO'=90°$,OO' 为 $\angle AO'S$ 的角平分线,因此圆筒的半径为

$$R = r\tan 30° = \frac{\sqrt{3}mv}{3qB} \qquad ⑤$$

(3) 保持 M、N 间的场强 E 不变,仅将 M 板向上平移 $\frac{2}{3}d$ 后,两板间间距变为 $d' = \frac{1}{3}d$,加速时有关系式

$$qEd' = \frac{1}{2}mv'^2 \qquad ⑥$$

将式①与式⑥相比,得 M 板上移后粒子射入磁场的速度为

$$v' = \frac{\sqrt{3}}{3}v \qquad ⑦$$

则粒子在磁场中做匀速圆周运动的半径为

$$r' = \frac{mv'}{qB} = \frac{\sqrt{3}}{3} \cdot \frac{mv}{qB} = \frac{\sqrt{3}}{3}r = R \qquad ⑧$$

设粒子从 S 孔进入磁场后至第一次与圆筒碰撞,它经历的圆弧轨迹所对的圆心角为 θ. 由式⑧可知,其运动轨迹恰好为 $\frac{1}{4}$ 圆周,即

$$\theta = 90°$$

这就是说,必须经过四个这样的圆弧,粒子才能从 S 孔射出. 所以粒子与圆筒的碰撞次数为

$$n = 3$$

例题 5 在一个半径为 R 的圆筒内,均匀分布着匀强磁场. 从筒壁的小孔 a 以垂直于磁场和筒壁的速度 v,射入一个质量为 m、电量为 q 的正离子,经过与筒壁的若干次碰撞后恰好能再从小孔 a 射出(图 5.109). 假设离子与筒壁碰撞时,没有电荷的迁移,也没有能量损失,试求筒内的磁感应强度 B 的大小.

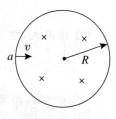

图 5.109

分析与解答 离子射入后,在洛伦兹力作用下做圆弧运动. 由于碰撞后离子的电量和速度大小都不变,反弹方向依然垂直磁场和筒壁. 因此,入射的离子可以在圆筒内经历不同形状对称分布的轨迹后

从小孔 A 射出(图 5.110).

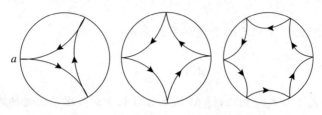

图 5.110

设正离子经过与筒壁碰撞 n 次(包括射出时的一次)后射出圆筒,它在筒内经历 n 段半径为 r 的圆弧,与每段圆弧相应的圆筒上的一段弧所对圆心角设为 α (图 5.111).由几何知识可知,圆心角 α 和圆弧半径 r 分别为

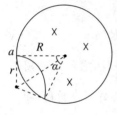

图 5.111

$$\alpha = \frac{2\pi}{n}$$

$$r = R\tan\frac{\alpha}{2} = R\tan\frac{\pi}{n}$$

离子运动中所受到的向心力(洛伦兹力)的大小为

$$F_n = qvB = m\frac{v^2}{r}$$

联立上述两式,即可得到圆筒内的磁感应强度为

$$B = \frac{mv}{qR}\cot\frac{\pi}{n} \quad (n = 3、4、5、\cdots)$$

当 $n=3、4、6$ 时,画出的圆弧轨迹就如图 5.110 所示.相应的磁感应强度大小分别为

$$B_{n=3} = \frac{mv}{qR}\cot\frac{\pi}{3} = \frac{\sqrt{3}mv}{3qR}$$

$$B_{n=4} = \frac{mv}{qR}\cot\frac{\pi}{4} = \frac{mv}{qR}$$

$$B_{n=6} = \frac{mv}{qR}\cot\frac{\pi}{6} = \sqrt{3}\,\frac{mv}{qR}$$

说明 上面仅考虑这个正离子与筒壁相碰恰好经过一周后仍然从小孔 A 射出的情况. 如果绕行一周后,离子未能从小孔 A 射出,是否就会永远被禁闭在圆筒内呢? 其实并非如此. 这个正离子有可能绕行 N 周后再从小孔 A 射出. 上面得到的还只是一个"特解". 下面,还可以进一步求出它的一般解(通解).

设正离子绕圆筒 N 周,经过 n 段圆弧后再从小孔 A 射出,此时与粒子运动的每段弧相应的圆筒上的弧所对的圆心角为

$$\alpha = \frac{2\pi N}{n}$$

设粒子运动的圆弧半径为 r,由几何关系和向心力条件知

$$r = R\tan\frac{\alpha}{2} = R\tan\frac{N\pi}{n}$$

$$qvB = m\frac{v^2}{r}$$

联立两式得圆筒内的磁感应强度为

$$B = \frac{mv}{qR}\cot\frac{N\pi}{n}$$

当 $N=1$ 时,得到的就是前面的特解. 当 $N=2, n=5$ 和 $N=2, n=7$ 时,其轨迹如图 5.112 所示. 粒子在筒内的轨迹都是非常优美对称的图案.

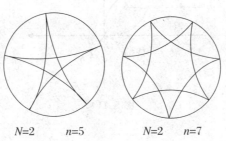

图 5.112

例题 6 如图 5.113 所示,在 xOy 平面上坐标为 $-h<y<h$ 的范围内有一群电子,它们从 x 轴的负向远处以相同速率 v 沿平行 x 轴方向射来.请通过分析,设计一个最小的磁场区域,使这群电子在磁场力作用下都能够通过坐标原点 O,并且最后对称地扩展到宽度为 $-2h<y<2h$ 的范围,继续沿着平行于 x 轴方向以速率 v 向右运动,要求画出磁场区域的示意图.已知电子的电量为 e,质量为 m,不计重力,不考虑电子间的相互作用.

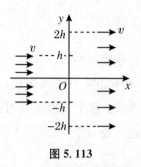

图 5.113

分析与解答 先取最上方的一个电子 a 考虑,它进入磁场后在洛伦兹力作用下做匀速圆周运动.由

$$evB = m\frac{v^2}{r} \Rightarrow r = \frac{mv}{eB}$$

要求它能够通过坐标原点 O,在磁场中的轨迹正好为 $\frac{1}{4}$ 圆周,因此其运动半径 $r=h$,设其圆心位置为 O_a.显然,这段圆弧就是第二象限内磁场的一条边界线(图 5.114).

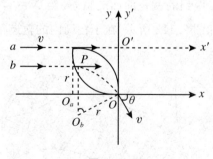

图 5.114

接着,可在 x 轴上方选取任意另一个电子 b,它进入磁场后做匀速圆周运动的半径也为 $r=h$. 电子 b 通过原点 O 的示意图如图 5.114 中虚线所示. 设电子 b 进入磁场的入射点为 P,在磁场中做圆周运动的圆心为 O_b,通过原点 O 时的速度方向与 x 轴的夹角为 θ,由几何知识可知,连接 O_bP 与 O_bO 两半径的夹角也为 θ. 进行坐标变换后,入射点 P 在 $x'O'y'$ 坐标内的位置坐标为

$$x' = x = -r\sin\theta$$
$$y' = r - (r - r\cos\theta) = r\cos\theta$$

轨迹方程为

$$x'^2 + y'^2 = r^2$$

可见 P 点位于以 O' 为圆心、r 为半径的圆弧上.

由于 b 是在第二象限内任意选取的一个电子,因此上述轨迹方程也适用于第二象限内其他各个电子,可见这条圆弧就是磁场区域的另一条边界线.

因此,使位于第二象限内的电子都能通过坐标原点的最小磁场区域,可以由两段半径均为 $r=\dfrac{mv}{eB}$ 的 $\dfrac{1}{4}$ 圆周的弧组成.

对于第三象限内的入射电子,同理可知,仅是其磁场方向应为垂直纸面向外,两者形成一幅关于 x 轴的对称图形,如图 5.115 所示.

这些电子经过这两个蝶形磁场时,实现了"从平行会聚于一点". 它们通过坐标原点后,以同样速率向着 $x>0$ 的各个不同方向发射,要求它们继续平行于 x 轴向右运动,相当于是第二、三象限电子行为的逆过程,即需要实现"从一点发散成平行",仅是宽度增为原来的 2 倍而已. 因此,同样需要加上两个边界线为 $\dfrac{1}{4}$ 圆周的磁场,其示意图如图 5.116 所示. 两者整体上形成一幅非常美丽、对称的蝴蝶似的图形.

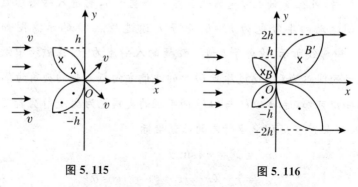

图 5.115　　　　　　　图 5.116

由于电子束扩展后在磁场中的运动半径变为

$$R = 2h = 2r$$

因此其磁感应强度相应地变为

$$B' = \frac{1}{2}B$$

说明　本题相当于对前面介绍的磁聚焦和发散的具体应用. 为了确定其轨迹方程, 数学上有较高的要求——密切联系了平面几何、解析几何等方面的知识(其中还包含着坐标变换). 这两个磁场区域的面积多大, 请读者自行计算.

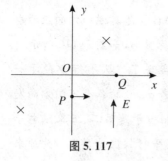

图 5.117

例题 7（2013　山东理综）　如图 5.117 所示,在坐标系 xOy 的第一、第三象限内存在相同的匀强磁场,磁场方向垂直于 xOy 面向里; 第四象限内有沿 y 轴正方向的匀强电场,电场强度大小为 E. 一带电量为 $+q$,质量为 m 的粒子自 y 轴的 P 点沿 x 轴正方向射入第四象限, 经 x 轴上的 Q 点进入第一象限, 随即撤去电场, 以后仅保留磁场. 已知 $OP=d, OQ=2d$, 不计粒子重力.

(1) 求粒子过 Q 点时速度的大小和方向;

5 对称思想在中学物理解题中的应用

(2) 若磁感应强度的大小为某一确定值,经过一段时间后粒子将再次经过 Q 点,且速度与第一次过 Q 点时相同,求该粒子相邻两次经过 Q 点所用的时间.

分析与解答 (1) 正粒子射入第四象限后,由于仅受恒定的电场力作用做着类似平抛的运动. 设粒子射入的初速度为 v_0,在第四象限内的运动时间为 t,它在 x、y 两方向分别有关系式

$$x = 2d = v_0 t \qquad ①$$

$$y = d = \frac{1}{2} \cdot \frac{qE}{m} t^2 \qquad ②$$

将式①平方后与式②相比,即得初速度

$$v_0 = \sqrt{\frac{2dqE}{m}} \qquad ③$$

设粒子射入第一象限磁场的速度方向与 x 轴之间的夹角为 θ(图 5.118),沿 y 方向的分速度为

$$v_y = at = \frac{qE}{m} \cdot \frac{2d}{v_0} = \frac{2dqE}{mv_0} = v_0$$

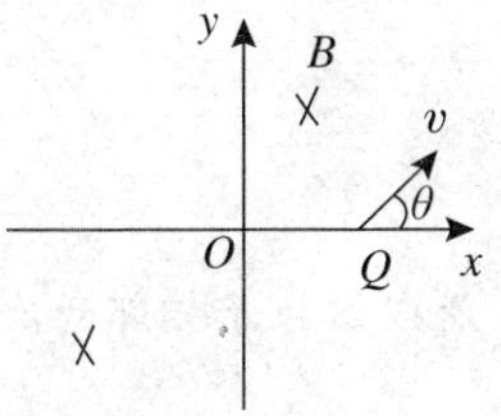

可见粒子进入第一象限磁场的速度大小和射入的方向角分别为

图 5.118

$$v = \sqrt{v_x^2 + v_y^2} = \sqrt{2} v_0 = 2\sqrt{\frac{dqE}{m}}$$

$$\theta = 45°$$

(2) 粒子在第一象限内受洛伦兹力作用做匀速圆周运动,沿着一段圆弧进入第二象限做匀速直线运动(惯性运动). 要求粒子经过一段时间后,能够再次以同样大小和方向的速度经过 Q 点,这意味着粒子在两个磁场区域和无磁场区域都必须是一种周而复始的运动,因此粒子的运动轨迹一定形成如图 5.119 所示的对称图形,即由两

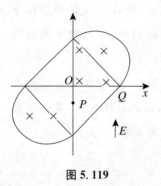

图 5.119

段圆弧和两段倾角均为 $\theta=45°$ 的斜直线构成,犹如运动场上的一条环形跑道.

粒子在两个磁场区域恰好是一个整圆,其圆半径和运动时间分别为

$$R = OQ\cos 45° = \sqrt{2}d$$

$$t_1 = T = \frac{2\pi R}{v} = \frac{2\sqrt{2}\pi d}{2\sqrt{\frac{dqE}{m}}} = \pi\sqrt{\frac{2dm}{qE}}$$

粒子在两个无磁场区域的直线段长度为

$$l = 2\times\sqrt{2}OQ = 4\sqrt{2}d$$

相应的运动时间为

$$t_2 = \frac{l}{v} = \frac{4\sqrt{2}d}{2\sqrt{\frac{dqE}{m}}} = 2\sqrt{\frac{2dm}{qE}}$$

所以该粒子相邻两次经过 Q 点所用的时间为

$$t = t_1 + t_2 = \pi\sqrt{\frac{2dm}{qE}} + 2\sqrt{\frac{2dm}{qE}} = (2+\pi)\sqrt{\frac{2dm}{qE}}$$

说明 本题取自原试题的(1)、(3)两部分,目的是为了更好地突出对称性图形的作用——题中计算运动时间的关键在于通过对题意要求的分析,能够画出对称结构的运动示意图.这是该试题的难点,也是非常出彩的构思.

该试题原来的第(2)问为:磁感应强度的大小为一确定值 B_0,粒子将以垂直于 y 轴的方向进入第二象限,求 B_0.请同学们自行求解.

(参考答案:$\sqrt{\frac{mE}{2dq}}$)

例题 8(2014 重庆) 如图 5.120 所示,在无限长的竖直边界 NS

和 MT 间充满匀强电场,同时该区域上、下部分充满方向垂直于 NSTM 平面向外和向内的匀强磁场,磁感应强度大小分别为 B 和 2B,KL 为上下磁场的水平分界线.在 NS 和 MT 边界上,距 KL 高 h 处分别有 P、Q 两点,NS 和 MT 间距为 1.8h.质量为 m、带电量为 +q 的粒子从 P 点垂直于 NS 边界射入该区域,在两边界之间做圆周运动.重力加速度为 g.

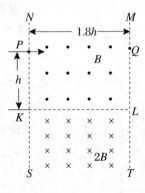

图 5.120

(1) 求该电场强度的大小和方向;

(2) 要使粒子不从 NS 边界飞出,求粒子入射速度的最小值;

(3) 若粒子能经过 Q 点从 MN 边界飞出,求粒子入射速度的所有可能值.

分析与解答 (1) 带电量为 +q 的粒子射入电场、磁场同时存在的复合场中能够做圆周运动,意味着其重力必然被电场力所平衡,即满足条件

$$qE = mg$$

因此,电场强度的方向向上,场强大小为

$$E = \frac{mg}{q}$$

(2) 粒子进入上方的磁场后,在洛伦兹力作用下沿顺时针方向做匀速圆周运动的半径为

$$r = \frac{mv}{qB}$$

设粒子不从 NS 边界飞出的最小速度为 $v_{\min}$,它在上方磁场中做圆弧运动的圆心为 O_1,半径为 r_1,则必须满足条件

$$r_1 = \frac{mv_{\min}}{qB} > \frac{h}{2}$$

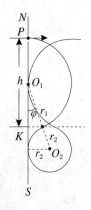

图 5.121

因此,粒子一定从 KL 水平分界面进入下方磁场,在下方磁场中沿逆时针方向做匀速圆周运动.要求粒子不从 NS 边界飞出,在下方磁场中对应于最小速度 $v_{\min}$ 的圆轨迹恰好与 NS 边界相切,其运动示意图如图 5.121 所示.

设粒子在下方磁场做圆周运动的圆心为 O_2,半径为 r_2,同理有

$$r_2 = \frac{mv_{\min}}{2qB} = \frac{r_1}{2}$$

连接 O_1O_2,它一定经过上下两圆弧的切点. 设 O_1O_2 与 NS 间的夹角为 φ,则

$$(r_1 + r_2)\sin\varphi = r_2$$

$$r_1 + r_1\cos\varphi = h$$

联立两式,并代入 $r_2 = \dfrac{r_1}{2}$ 的关系式,通过简单的变换,即可得到入射粒子速度的最小值

$$v_{\min} = \frac{0.52qBh}{m}$$

(3) 要求粒子经过 Q 点从 MN 边界飞出,由于它与入射点 P 在同一直线上,从图 5.121 初步可以看出,必然会在两个磁场里沿着一条对称的轨迹运动. 它的入射速度的一个可能值,就是上面算出的最小值.

当入射速度的大小不同时,粒子经过 KL 线进、出上下方磁场的位置不同,但同样都会形成对称的轨迹. 一种情况如图 5.122 所示.

由此可见,一般情况下,对应于不同的速度,KL 线被进、出点只能均分成 $3n$ 倍. 若设第一次通过 KL 线的位置离开 K 为 x,则磁场宽度应该满足条件

$$1.8h = 3nx \quad (n = 1,2,3,\cdots) \quad ①$$

设粒子在上、下两磁场中做圆弧运动的圆心分别为 O_1、O_2,半径分别为 r_1、r_2,连接两圆心 O_1、O_2,设其与 NS 的夹角为 φ,类似有关系式

$$(r_1 + r_2)\sin \varphi = \frac{3}{2}x \quad ②$$

$$r_1 + r_1 \cos \varphi = h \quad ③$$

由于粒子在两个磁场中的速度大小不变,因此仍然有关系式

图 5.122

$$r_2 = \frac{r_1}{2} \quad ④$$

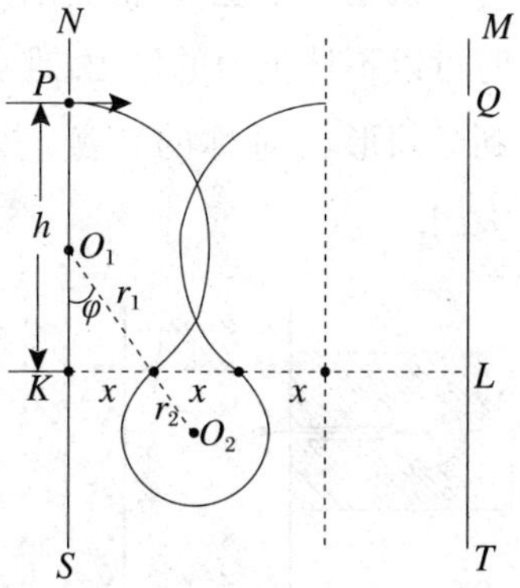

将式④代入式②,得

$$x = r_1 \sin \varphi \quad ⑤$$

联立式③、式⑤,得

$$x = \sqrt{2hr_1 - h^2} \quad ⑥$$

考虑到式①的关系又有

$$x = \frac{0.6h}{n} \quad ⑦$$

联立式⑥、式⑦,即得

$$r_1 = \frac{h}{2}\left(1 + \frac{0.36}{n^2}\right) \quad (n < 3.5) \quad ⑧$$

将式⑧代入 $r = \frac{mv}{qB}$,即得粒子速度的一般表达式

$$v = \frac{qBh}{2m}\left(1 + \frac{0.36}{n^2}\right)$$

令 $n = 1、2、3$,分别得到对应的三种可能速度值

$$v_1 = \frac{0.68qBh}{m}, \quad v_2 = \frac{0.545qBh}{m}, \quad v_3 = \frac{0.52qBh}{m}$$

235

说明 本题(1)很基础,设置匀强电场仅起着粒子在磁场中运动时可以不计重力的作用. 难点是(3),它以(2)为引子,显然只有领悟到必须形成对称的轨迹,并能大体画出图形,才能敲开一般解的大门.

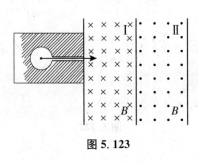

图 5.123

例题 9(2010 浙江) 有一个放射源水平放射出 α、β、γ 三种射线,垂直射入如图 5.123 所示磁场中. 区域 Ⅰ 和 Ⅱ 的宽度均为 d,各自存在着垂直纸面的匀强磁场,两区域的磁感应强度 B 大小相等,方向相反(粒子运动不考虑相对论效应).

(1) 若要筛选出速率大于 v_1 的 β 粒子进入区域 Ⅱ,求磁场宽度 d 与 B 和 v_1 的关系.

(2) 若 $B=0.0034$ T,$v_1=0.1c$(c 是光速),则可得 d;α 粒子的速率为 $0.001c$,计算 α 和 γ 射线离开区域 Ⅰ 时的距离;并给出去除 α 和 γ 射线的方法.

(3) 当 d 满足第(1)小题所给关系时,请给出速率在 $v_1<v<v_2$ 区间的 β 粒子离开区域 Ⅱ 时的位置和方向.

(4) 请设计一种方案,能使离开区域 Ⅱ 的 β 粒子束在右侧聚焦且水平出射. 已知:电子质量 $m_e=9.1\times10^{-31}$ kg,α 粒子质量 $m_α=6.7\times10^{-27}$ kg,电子电荷量 $q=1.6\times10^{-19}$ C,$\sqrt{1+x}\approx1+\frac{1}{2}x$($x\ll1$ 时).

分析与解答 (1) β 粒子即电子,水平射入后顺时针方向做圆弧运动. 要求它进入区域 Ⅱ,在区域 Ⅰ 做圆弧运动半径的临界值等于磁场宽度 d. 由

$$qBv_1=m_e\frac{v_1^2}{R}=m_e\frac{v_1^2}{d}$$

5 对称思想在中学物理解题中的应用

得

$$d = \frac{m_e v_1}{qB} \qquad ①$$

(2) 代入电子的速度条件,由式①得磁场宽度

$$d = \frac{m_e v_1}{qB} = \frac{9.1 \times 10^{-31} \times 0.1 \times 3 \times 10^8}{1.6 \times 10^{-19} \times 0.003\,4}\,\text{m} = 0.05\,\text{m} \qquad ②$$

α粒子带正电,水平射入后逆时针方向做圆弧运动,其半径为

$$R_\alpha = \frac{m_\alpha v_\alpha}{q_\alpha B} = \frac{6.7 \times 10^{-27} \times 3.0 \times 10^5}{2 \times 1.6 \times 10^{-19} \times 0.003\,4}\,\text{m} = 1.84\,\text{m} > d \qquad ③$$

画出其运动轨迹(图5.124),可知离开区域Ⅰ时偏离水平入射方向的距离为

$$y = R_\alpha - \sqrt{R_\alpha^2 - d^2}$$
$$= 1.84\,\text{m} - \sqrt{1.84^2 - 0.05^2}\,\text{m}$$
$$= 0.7\,\text{mm} \qquad ④$$

由于γ射线不带电,因此这也就是α和γ射线离开区域Ⅰ时的距离.可见,通过区域Ⅰ难以将α粒子与γ射线分开.为此,可用薄纸挡住α粒子,用厚铅板挡住γ射线.

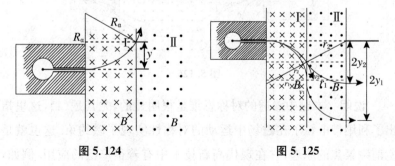

图5.124   图5.125

(3) 根据速率范围 $v_1 < v < v_2$,可以大体画出 v_1、v_2 两种β粒子在区域Ⅰ和Ⅱ的运动示意图,如图5.125所示.它们离开区域Ⅰ时的偏距分别为

$$y_1 = d \quad ⑤$$

$$y_2 = R_2 - \sqrt{R_2^2 - d^2} = R_2 - \sqrt{R_2^2 - R_1^2}$$

$$= \frac{m_e}{qB}(v_2 - \sqrt{v_2^2 - v_1^2}) \quad ⑥$$

由于对称性,它们离开区域Ⅱ与离开区域Ⅰ时的偏距分别相等.因此,它们离开区域Ⅱ时对入射方向的偏距分别为

$$Y_1 = 2y_1 = 2d = \frac{2m_e v_1}{qB}$$

$$Y_2 = 2y_2 = \frac{2m_e}{qB}(v_2 - \sqrt{v_2^2 - v_1^2})$$

可见,它们会形成宽度为 $\Delta Y = Y_1 - Y_2$ 粒子束从区域Ⅱ出射,其出射方向同样由对称性可知一定水平向右.

(4) 为了使这两束粒子重新聚焦在水平方向,根据对称性很容易想到,只需依次加上方向分别向外和向里、同样的两个匀强磁场,如图 5.126 所示.

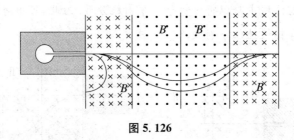

图 5.126

说明 本题中渗透的对称思维是很明显的,尤其是(4),这里指出了利用带电粒子在磁场中运动的对称性实现了磁约束.这也就是所谓磁聚焦的原理,它在现代高新技术中有着很广泛的应用.例如,电子显微镜就是利用磁聚焦模拟光学显微镜制成的,其在高能粒子

的加速器中也有重要的应用*.

5.7 振动的对称性

振动物体具有对平衡位置的对称性.例如,在平衡位置两侧对称点的位移大小、速度大小、加速度大小、回复力大小都分别相等;从平衡位置运动到两侧位移大小相等的两点的时间对应相等;振动过程中在平衡位置两侧的最大位移相等.振动图像和波动图像都具有时间平移对称性——经过1个或n个周期图像会重复.利用这些对称关系,在分析、解决具体问题时往往会带来许多方便.

例题1 一质点沿直线做简谐运动,相继通过距离为16 cm的两点a和b(图5.127),历时1 s,并且在a、b两点处具有相同的速率;再经过1 s,质点第二次通过b点,该质点运动的周期和振幅分别为( ).

A. $3\ \text{s}, 8\sqrt{3}\ \text{cm}$ B. $3\ \text{s}, 8\sqrt{2}\ \text{cm}$

C. $4\ \text{s}, 8\sqrt{3}\ \text{cm}$ D. $4\ \text{s}, 8\sqrt{2}\ \text{cm}$

分析与解答 简谐运动是一种以平衡位置为中心对称的运动.由题意知,质点经过a、b两点时速率相同,可见a、b的中点O必定是振动的平衡位置,a、b两点对称地分布在O点两侧,因此

$$t_{aO} = t_{Ob} = 0.5\ \text{s}$$

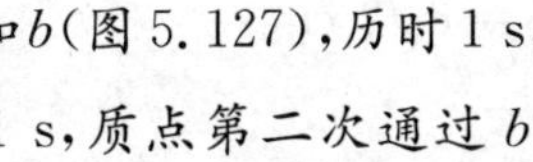

图5.127 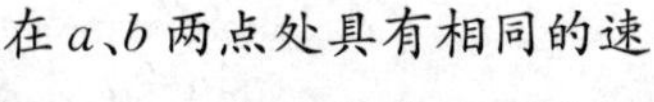   图5.128

设振动的极端位置分别为c、d(图5.128),由题意知

$$t_{bcb} = 1\ \text{s}$$

---

* 有关电子显微镜和加速器中磁聚焦的应用,请读者参阅本丛书《类比》一册.

根据对称性

$$t_{ada} = 1 \text{ s}$$

所以振动周期

$$T = t_{ab} + t_{bcb} + t_{ba} + t_{ada} = 4 \text{ s}$$

若从质点经过平衡位置 O 向正方向运动时开始计时,质点的振动方程为

$$x = A\sin \omega t = A\sin \frac{2\pi}{T} t = A\sin \frac{\pi}{2} t$$

当 $t = t_{Ob} = 0.5$ s 时,对应的位移 $x = 8$ cm,代入上述振动方程,得振幅

$$A = \frac{x}{\sin \frac{\pi}{2} t} = \frac{8}{\sin \frac{\pi}{4}} = 8\sqrt{2} \text{ cm}$$

所以正确的是 D.

说明 这是体现振动对称性很典型的问题. 如果对振动中的对称性理解得比较深刻了,有些问题不必计算就可以"一眼看穿". 下面就是一个类似的问题,可以进一步加深你对振动对称性的理解.

练习题

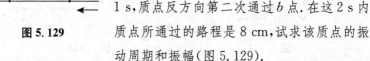

图 5.129

一质点沿水平直线做简谐运动,先后以相同的速度通过 a、b 两点,经历的时间 $t_{ab} = 1$ s. 过 b 点后再经 $t' = 1$ s,质点反方向第二次通过 b 点. 在这 2 s 内质点所通过的路程是 8 cm,试求该质点的振动周期和振幅(图 5.129).

参考答案:4 s,4 cm.

例题 2(2008 海南) 劲度系数为 k 的轻质弹簧,下端挂一个质量为 m 的小球,小球静止时距地面的高度为 h,用力向下拉球使球与地面接触,然后从静止释放小球(弹簧始终在弹性限度内)(图 5.

130),则( ).

A. 运动过程中距地面的最大高度为 $2h$

B. 球上升过程中势能不断变小

C. 球距地面高度为 h 时,速度最大

D. 球在运动中的最大加速度是 $\dfrac{kh}{m}$

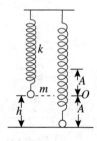

图 5.130

分析与解答 悬挂小球后静止时小球的位置,就是静平衡位置.向下拉球释放后,小球以静平衡位置(O)为中心上下振动,其振幅 $A=h$.由振动的对称性可知,振动中离地面的最大高度为 $2h$,A 正确.

由于小球以静力平衡位置(O)为中心振动,因此到达 O 点时(即离开地面高度为 h 时)的速度最大,C 正确.

振动中小球相对静力平衡位置的位移最大时,加速度最大,其值为

$$a_{\max}=\dfrac{F_{\max}}{m}=\dfrac{kx_{\max}}{m}=\dfrac{kh}{m}$$

所以正确的是 D.

小球振动过程中,系统的机械能(包括球的动能、重力势能和弹簧的弹性势能)守恒,因此小球上升过程中系统的势能先减小后增大,B 错.

说明 一个简谐振动系统的振幅 A,不仅决定着振动中的最大加速度,也决定着系统的总能量,即

$$E=\dfrac{1}{2}kA^2$$

通常,振幅 A 由初始条件(如下拉距离)决定.认识这一点,对分析有关简谐运动的问题很有意义.

例题 3 两块质量分别为 m_1、m_2 的木板 A 和 B,被一根劲度系数为 k 的轻弹簧连在一起,放在水平桌面上(图 5.131).试问:至少在

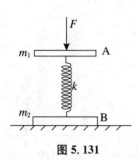

图 5.131

上面的木板上加多大的压力 F, 才能在压力撤销后, A 板上跳时恰好能提起 B 板?

分析与解答 撤去压力后, A 板将做简谐运动, 振动中心就是未加压力时 A 板的平衡位置(设为 a), 振幅等于加压力 F 后产生的压缩量 x_1, 即

$$F = kx_1 \qquad ①$$

根据振动的对称性, 撤力后 A 板上跳的最高位置(设为 c)对平衡位置的位移大小一定满足条件

$$x_0 + x_2 = x_1 \qquad ②$$

式中 x_0 为未加压时弹簧的压缩量, 即

$$m_1 g = kx_0 \qquad ③$$

要求 A 板上跳时能提起 B 板, 必须满足弹力条件

$$kx_2 = m_2 g \qquad ④$$

整个过程中的动态变化如图 5.132 所示.

将式①、式③、式④代入式②, 即得所加压力的大小为

$$F = (m_1 + m_2)g$$

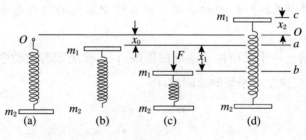

图 5.132

说明 这是一个很典型的问题, 可以从力、能等不同角度去求解. 如果对弹簧的下压和上提(压缩与伸长)的对称性比较熟悉的话,

可以更简便地做出解答.

我们可以做这样的设想:假设 A 板极薄,两板质量都集中于 B 板,要求用一个力向上提起整个装置,显然这个力的大小为

$$F_{上提} = (m_1 + m_2)g$$

弹簧相应地有一定伸长.

现在对其上端加压,要求撤力后它上跳时能提起这个装置,那么它上跳时必然也应该使弹簧发生同样的形变. 根据对弹簧伸长、压缩的对称性,对它施加的压力大小也必须为

$$F_{下压} = (m_1 + m_2)g$$

殊途同归,其方法更为巧妙. 领悟到了这里对称性思考的奥秘,下面的问题就可以"一眼看穿"了.

练习题

如图 5.133 所示,用一根轻弹簧把质量分别为 m 与 M 的两块木板连接起来,上板系有一根轻绳. 然后手执轻绳将两板缓缓提起,再轻轻地放到水平桌面上后立即松手. 这个系统开始在竖直方向上振动起来,试问:桌面所受的压力大小将在什么范围内变化?

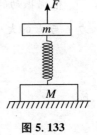

图 5.133

参考答案:$0 \sim 2(m+M)g$.

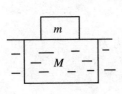

图 5.134

例题 4 如图 5.134 所示,在一个宽大的水池里,浮着一块质量为 M 的长方形木块,木块上面叠放着一块质量为 m 的铁块,静止时木块的上表面恰好与水面平齐. 现轻轻地突然取走铁块,木块将在竖直方向上运动,当它运动到最高位置时,木块恰好有一半浸在水里. 那么,M 与 m 的质量大小关系应该为( ).

A. $M=m$ B. $M=\dfrac{3}{2}m$

C. $M=2m$ D. $M=3m$

分析与解答 设木块的体积为 V,叠上铁块后在水面平衡时满足条件

$$(m+M)g = \rho g V \qquad ①$$

取走铁块后,系统将在竖直方向上做简谐运动.列出它运动到最高位置和最低位置时受到的回复力,并代入式①的关系,分别得

$$f = Mg - F_{浮} = Mg - \dfrac{1}{2}\rho g V = \dfrac{1}{2}(M-m)g \qquad ②$$

$$f' = F'_{浮} - Mg = \rho g V - Mg = mg \qquad ③$$

根据振动的对称性,系统在平衡位置两侧极端位置所受的回复力 f 与 f' 的大小一定相等,即

$$\dfrac{1}{2}(M-m)g = mg$$

得

$$M = 3m$$

所以正确的是 D.

说明 不少同学受思维定势的影响,对木块的上浮习惯于从平均浮力的角度出发,方法如下:原来木块(包括铁块)平衡时有

$$(m+M)g = \rho g V$$

取走铁块,木块上浮过程中所受到的平均浮力为

$$\overline{F}_{浮} = \dfrac{1}{2}\left(\rho g V + \rho g \cdot \dfrac{V}{2}\right) = \dfrac{3}{4}\rho g V$$

木块上浮过程中仅受浮力和重力作用,设木块的高为 h,由动能定理

$$\sum W = \overline{F}_{浮} \cdot \dfrac{h}{2} - Mg \cdot \dfrac{h}{2} = 0$$

5 对称思想在中学物理解题中的应用

即

$$\frac{3}{4}(m+M)g - Mg = 0$$

得

$$M = 3m$$

两者相比较,根据振动对称性求解,不仅无需涉及平均力概念和动能定理,还可以避免因计算功的时候错算了位移的大小等因素,优势是很明显的.

例题 5 一个弹簧振子沿 x 轴在平衡位置两侧做简谐运动,其振幅为 A. 如果设置一个装置,观察某个小区域 $0 \leqslant x \leqslant l (l \ll A)$,那么振子在该区域内出现的概率是(   ).

A. $\dfrac{L}{A}$ B. $\dfrac{L}{2A}$ C. $\dfrac{l}{\pi A}$ D. $\dfrac{l}{2\pi A}$

分析与解答 振子出现在该区域的概率,指的就是振子出现在该区域的时间 Δt 与观察时间 t 的比值.

由于振子做周期性运动,因此只需考察一个周期时间,即取 $t = T$. 画出与振子运动对应的参考圆(图 5.135),它在平衡位置两侧的运动具有对称性,观察区域($0 \leqslant x \leqslant l$)与参考圆

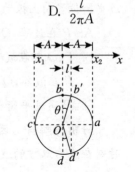

图 5.135

上一小段弧 bb'、dd' 相对应,也就是与上下两个圆心角 θ 相对应.

设振子出现在参考圆的圆心角 θ 内的时间为 Δt,因此在一个周期 T 内能够观察到振子的概率为

$$\delta = 2\frac{\Delta t}{T} = 2\frac{\theta}{2\pi} = \frac{\theta}{\pi}$$

根据题设条件 $l \ll A$,即圆心角 θ 很小,有近似关系

$$\theta \approx \sin\theta = \frac{l}{A}$$

可得

$$\delta = \frac{\frac{l}{A}}{\pi} = \frac{l}{\pi A}$$

所以正确的是 C.

说明 概率是一个很重要的概念,出现的概率可以转化为出现时间与观察时间之比,有一定的普遍意义,应予注意.

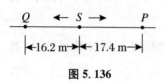

图 5.136

例题 6 图 5.136 中的 S 为上下振动的振源,振动频率 $f=100$ Hz. 它所产生的横波向左右传播,波速 $v=80$ m/s. 在振源左右两方有 P、Q 两点,与振源 S 在同一直线上,$SP=17.4$ m,$SQ=16.2$ m. 当 S 通过平衡位置向上振动时,下列对 P、Q 两质点的判断正确的是( ).

A. P 在波峰,Q 在波谷

B. P、Q 都在波峰

C. P 在波谷,Q 在波峰

D. P 通过平衡位置向上振动,Q 通过平衡位置向下振动

分析与解答 因为振源所产生的波同时向左右传播,所以任何时刻在左右双方的波形,都是以通过振源 O 的竖直面互为对称的两列波. 当振源通过平衡位置向上振动时,左右双方离开振源为 $\frac{1}{4}\lambda$ 的两质点恰好到达下方最大位移处,此时的波形如图 5.137 所示.

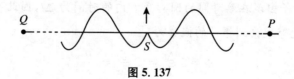

图 5.137

这列波的波长为

$$\lambda = \frac{v}{f} = \frac{80}{100}\text{ m} = 0.8\text{ m}$$

则

$$SP = 17.4\text{ m} = \left(21 + \frac{3}{4}\right)\lambda$$

$$SQ = 16.2\text{ m} = \left(20 + \frac{1}{4}\right)\lambda$$

所以此时 P 在波峰，Q 在波谷，正确的是 A．

说明 本题中画出对称的波形图至关重要，接着，只需根据波形的重复性就可求解了．

例题 7 如图 5.138 所示的 LC 振荡回路中振荡电流的周期为 2×10^{-2} s．自振荡电流沿逆时针方向达到最大值开始计时，当 $t = 3.4 \times 10^{-2}$ s 时，电容器正处于 _____ 状态(填充电、放电、充电完毕或放电完毕)．这时电容器的上极板 _____ (填带正电、带负电或不带电)．

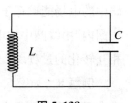

图 5.138

分析与解答 振荡电路在一个周期内经历放电—充电—放电—充电四个过程，每个过程历时 $\dfrac{T}{4}$，画出的振荡电流图像与电路状态如图 5.139 所示．

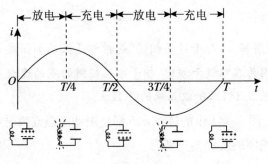

图 5.139

根据题意可做出推断：

电流最大—磁场能最大—电场能最小（为零）—电量最小（为零）可见，电容器一定处于充电状态.

由于振荡电流的周期性，从电流最大值开始所经历的时间

$$t = 3.4 \times 10^{-2} \text{ s} = 1.7T \quad \Leftrightarrow \quad t = 0.7T$$

若设开始时逆时针的方向为正方向，此时电流已经反向为顺时针流动，因此电容器上极板带正电.

说明 研究有关振荡电路的问题时，如果能够在脑海中浮现出上面这样的图像，往往会非常有利于判断. 同时，应该认识到：振荡电路中的电场能贮存于电容器内，由极板上的电荷产生；磁场能贮存于线圈内，由线圈中的电流产生. 振荡过程就是电场能与磁场能不断地相互转化的过程.

例题 8 如图 5.140 所示，P、Q 是两个相干光源，由它们发出的光在图示平面内产生干涉，那么能表示相干结果相同点的轨迹图线是（　　）.

图 5.140

分析与解答 "相干结果相同"是指都是振动加强或都是振动减弱的情况. 因为在双缝干涉中，相干结果相同的点的连线是对称的两条双曲线（图 5.141），所以正确的是 B.

说明 图 5.141 中的迹线 a、b 都是振动加强或减弱点位置的连线，它们到光源的波程差分别为

$$\delta = k\lambda \quad (k = 0, \pm 1, \pm 2, \cdots)$$

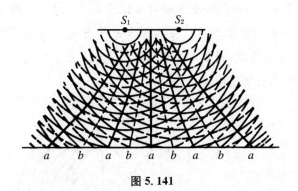

图 5.141

$$\delta = (2k+1)\frac{\lambda}{2}(k = 0、\pm 1、\pm 2,\cdots)$$

可见,迹线 a、b 上各点到两光源 S_1、S_2 的距离之差一定.根据圆锥曲线的知识,到两定点的距离之差等于定长的点的轨迹为双曲线,所以干涉结果形成对称分布的一簇双曲线.

 光路的对称性

光路的对称性有很广泛的表现.除了最典型的平面镜成像对称性外,在反射和折射光路以及凸透镜成像现象中、在光的干涉和衍射现象中等许多地方都有所表现.其中,有些地方的表现很明显,有些地方的表现比较隐蔽;或者,有些地方的表现只是局部的,有些地方需要通过挖掘才能体现出来.下面通过多方面的实例,可以对光路的对称性有更为具体、深刻的认识.

(1) 反射、折射现象中的对称性

例题 1 两平面镜 M、N 相交成 α 角,在镜前放一个点光源 S(图 5.142(a)),试确定能从镜面同时看到两个像的视场范围.

分析与解答 平面镜的视场就是观察范围,它由光源 S 射向两平面镜边缘的光反射后的区域决定.为了较方便地作出反射线,可以利用平面镜成像的对称性.

如图 5.142(b)所示,先依据对称性作出 S 在 M、N 两镜中的虚像 S_1、S_2,然后根据像 S_1、S_2 直接画出光源 S 射向两镜边缘的反射线. 它们的重叠区域(图中用弧线表示区域),就是在镜前从镜面同时看到两个像的视场范围.

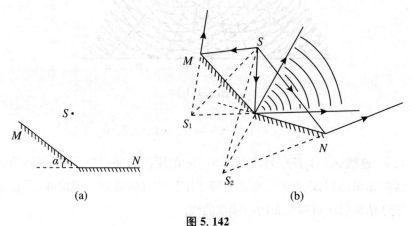

图 5.142

例题 2 如图 5.143(a)所示,两平面反射镜 A 和 B 斜交,交点为 O,两镜夹角为 $36°$,两反射镜的反射面相对. 在两反射镜之间有一物点 S,观察者位于两镜之间,观察者在 A 镜中最多可以看到_____个 S 点像;在 B 镜中最多可以看到_____个 S 点像.

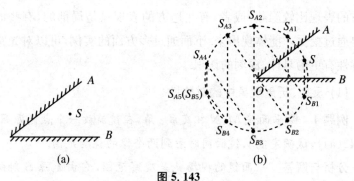

图 5.143

分析与解答 根据平面镜成像的对称性,以两镜面为对称面,依

5 对称思想在中学物理解题中的应用

次找出在两镜中的对称点,如图 5.143(b)所示.由此可见,在 A 镜和 B 镜中最多可以看到 S 点的像都是 5 个.其中有一个像(S_{A5} 与 S_{B5})重合.

说明 这些虚像都分布在以交点 O 为圆心,以 OS 为半径的圆周上.本题中两镜夹角 $\theta=36°$,看到的虚像数为

$$n = \frac{360°}{36°} - 1 = 9(个)$$

其中 S_{A5} 与 S_{B5} 重合算作一个像.当两平面镜的夹角 θ 为任意值时,成像数是否有什么规律,有兴趣的同学可以作进一步研究.

例题 3 一个点光源 S 放在 OO' 轴上的某个位置,平面镜与 OO' 轴成 $\theta=30°$ 角倾斜放置(图 5.144).若保持光源不动,平面镜以速度 v 沿 OO' 轴平移,则光源的像(图中未画出)的运动情况是( ).

A. 以速率 v 平行于 OO' 轴向右运动

B. 以速率 v 垂直于 OO' 轴向下运动

C. 以速率 $\sqrt{3}v$ 沿 $S'S$ 的连线向 S 运动

D. 以速率 v 沿 $S'S$ 的连线向 S 运动

分析与解答 先保持平面镜不动,作出光源 S 的像 S',然后使平面镜向右平移,经过一小段时间 t 后到达新的位置(如图 5.145 中虚线所示),发生的位移

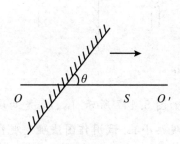

图 5.144

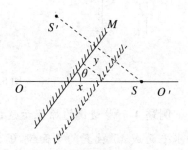

图 5.145

在垂直镜面方向的位移为

$$y = x\sin\theta = vt\sin 30° = \frac{1}{2}vt$$

表示在垂直于镜面方向的速度为

$$v_y = \frac{1}{2}v$$

因为平面镜中的虚像 S' 与光源 S 对称于镜面,因此虚像 S' 必定沿着 $S'S$ 的连线以向 S 运动,其速率

$$v'_y = 2v_y = v$$

所以正确的是 D.

说明 根据平面镜成像的物、像对称性,像的移动速度大小由物与像在垂直于镜面方向的相互趋近(或分离)的速度决定.

如图 5.146(a)所示,保持镜不动,物 S 以垂直于镜面的速度 v 靠近,根据物与像的对称性,像 S' 必定以同样大小的速度($v' = -v$)向镜面靠近.

如图 5.146(b)所示,保持镜不动,平面镜沿垂直于镜面的速度 u 向物靠近,同理可知,像 S' 必定以 $v' = 2u$ 的速度与镜面运动方向相同,向物靠近.

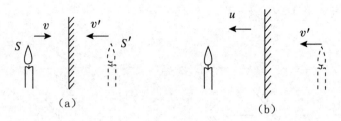

图 5.146

例题 4 潜望镜的原理示意图如图 5.147 所示. L_1、L_2 是两块与水平面成 $45°$ 放置的平面镜,C 为观察小孔.试用作图法确定观察某处物体 AB 时平面镜 L_2 的最小线度.

5 对称思想在中学物理解题中的应用

分析与解答 如图 5.148 所示,作图步骤为:

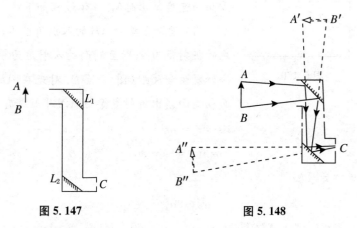

图 5.147　　图 5.148

(1) 根据平面镜成像的对称性,作出物体 AB 在 L_1 中的虚像 $A'B'$;

(2) 以 $A'B'$ 为物,根据对称性作出它在 L_2 中的虚像 $A''B''$;

(3) 把观察孔 C 看成一点,连接 $A''C$、$B''C$,它们与镜面的交点设为 M、N(图中未标出),则 M、N 的长度就是能观察到完整像所需的最小线度.

例题 5(2013　全国新课标)　图 5.149 所示为一光导纤维(可简化为一长玻璃丝)的示意图,玻璃丝长为 L,折射率为 n,AB 代表端面.已知光在真空中的传播速度为 c.

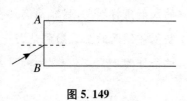

图 5.149

(1) 为使光线能从玻璃丝的 AB 端面传播到另一端面,求光线在端面 AB 上的入射角应满足的条件.

(2) 求光线从玻璃丝的 AB 端面传播到另一端面所需的最长时间.

分析与解答　比较习惯的一种解法是先根据两侧界面发生全反

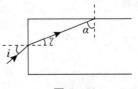

图 5.150

射的条件,从而确定入射条件,然后由轴线方向的速度算出时间.具体过程如下:

(1) 设光在端面 AB 的入射角应为 i,相应的折射角为 γ,射至侧面的入射角为 α,并恰好发生全反射(图 5.150).对光在 AB 端面和侧面列出折射定律的斯涅耳形式有

$$\sin i = n\sin \gamma \qquad ①$$
$$n\sin \alpha = \sin 90° \qquad ②$$

由几何关系知

$$\alpha = 90° - \gamma \qquad ③$$

将式③代入式②得

$$\cos \gamma = \frac{1}{n}$$

因此由式①得

$$\sin i = n\sqrt{1-\cos^2\gamma} = n\sqrt{1-\frac{1}{n^2}} = \sqrt{n^2-1}$$

由于光对 AB 端面的入射角减小时,其折射角也减小,射至侧面的入射角将增大,越容易满足全反射条件.所以,为了使光束能够不断依靠侧面的全反射到达另一端,光在 AB 端面的入射角应该满足的条件为

$$i \leqslant \sin^{-1}\sqrt{n^2-1}$$

(2) 光在玻璃丝中的传播速度为

$$v = \frac{c}{n} < c$$

它沿着轴线方向的速度分量为

$$v_x = v\cos \gamma = v\sin \alpha$$

所以光在玻璃丝中从 AB 端传到另一端的时间

$$t = \frac{L}{v_x} = \frac{L}{v\sin\alpha} = \frac{n^2 L}{c}$$

说明 由于光反射时,反射线与入射线的延长线对界面呈镜像对称.因此,如果把各次反射线以玻璃丝的两侧界面为对称面依次对折后,都可以转换到第一次入射线 AA_1 的延长线上.这样,就可以与通过端面 B、垂直于玻璃丝的直线构成一个直角三角形,如图 5.151 所示.其中,斜边长

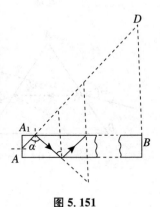

图 5.151

$$AD = \frac{L}{\sin\alpha} = \frac{L}{\frac{1}{n}} = nL$$

所以,光在玻璃丝中不断地通过全反射从 AB 端传到另一端的时间为

$$t = \frac{AD}{v} = \frac{nL}{\frac{c}{n}} = \frac{n^2 L}{c}$$

在本题中,如果没有前半题的基础,仅要求计算光从一端传播到另一端的时间,那么采用这样的对称性思考可以使问题简便得多.

例题 6(2015 安徽) 如图 5.152(a)所示,一束单色光从空气入射到棱镜的 AB 面上,经 AB 和 AC 两个面折射后从 AC 面进入空气.当出射角 i' 和入射角 i 相等时,出射光线相对于入射光线偏转的角度为 θ.已知棱镜顶角为 α,则计算棱镜对该色光的折射率表达式为( ).

A. $\dfrac{\sin\dfrac{\alpha+\theta}{2}}{\sin\dfrac{\alpha}{2}}$ B. $\dfrac{\sin\dfrac{\alpha+\theta}{2}}{\sin\dfrac{\theta}{2}}$

C. $\dfrac{\sin \theta}{\sin\left(\theta - \dfrac{\alpha}{2}\right)}$ D. $\dfrac{\sin \alpha}{\sin\left(\theta - \dfrac{\alpha}{2}\right)}$

图 5.152

分析与解答 设光进入棱镜中的折射角为 γ，由于出射角 i' 和入射角 i 相等，对称分布在棱镜两侧，因此出射光线相对于入射光线偏转的角度

$$\theta = 2(i - \gamma)$$

由几何知识知，棱镜的顶角

$$\alpha = 180° - 2(90° - \gamma) = 2\gamma$$

根据折射定律，联系上述两式，得折射率

$$n = \frac{\sin i}{\sin \gamma} = \frac{\sin \dfrac{\theta + \alpha}{2}}{\sin \dfrac{\alpha}{2}}$$

所以正确的是 A.

说明 射向棱镜侧面的光通过棱镜时，入射光和出射光之间的夹角(如图 5.152(a)中的 θ)称为偏向角. 它的大小随入射角的改变而变化，但有一个最小值. 理论与实验指出：当调节到出射角 i' 与入射角 i 相等，即入射光与出射光相对棱镜对称分布在两侧(在棱镜内的光线恰好与底面平行)时，对应的偏向角有最小值(称为最小偏向角，常常用 $\delta_{\min}$ 表示)，如图 5.152(b)所示.

根据几何关系可知,此时入射光在 AB 面的折射角恰好为 $i_1' = \frac{A}{2}$,则

$$\frac{1}{2}\delta_{\min} = i - i' = i - \frac{A}{2} \quad \Rightarrow \quad i_1 = \frac{1}{2}(\delta_{\min} + A)$$

由折射定律的斯涅耳形式

$$1 \times \sin i_1 = n \cdot \sin i_1' = n \cdot \sin\frac{A}{2}$$

得折射率

$$n = \frac{\sin i}{\sin\frac{A}{2}} = \frac{\sin\frac{\delta_{\min} + A}{2}}{\sin\frac{A}{2}}$$

这样,就可以得到一个很方便地测量棱镜折射率的方法:调节入射角,使出射角与入射角相等,测出最小偏向角,就可以根据棱镜的顶角和最小偏向角,得出折射率.

例题 7(2011 新课标) 一半圆柱形透明物体横截面如图 5.153 所示,底面 AOB 镀银,O 表示半圆截面的圆心,一束光线在横截面内从 M 点入射,经过 AB 面反射后从 N 点射出. 已知光线在 M 点的入射角为 $30°$,$\angle MOA = 60°$,$\angle NOB = 30°$. 求:

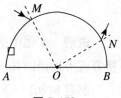

图 5.153

(1) 光线在 M 点的折射角;

(2) 透明物体的折射率.

分析与解答 (1) 由于通过入射点和出射点的半径就是该处的法线,根据光折射时入射线与折射线分居法线两侧的道理,可以大体画出透明物体内部的光路如折线 MPN 所示. 在 M 点的折射角为 $\angle PMO$,在 N 点的入射角为 $\angle PNO$.

如果再补上半个透明体(图 5.154),并把底面看成平面镜,作出

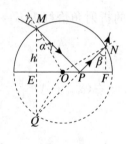

图 5.154

M 点对称于底面的 Q 点,则 Q、P 和 N 三点一定共线.

设在 M 点处,光的入射角为 i,折射角为 γ,$\angle OMQ=\alpha$,$\angle PNF=\beta$. 根据题意有

$$\alpha = 30° \qquad ①$$

由几何关系得 $\angle PNO = \angle PQO = \gamma$,于是

$$\beta + \gamma = 60° \qquad ②$$

且

$$\alpha + \gamma = \beta \qquad ③$$

由式①~式③得

$$\gamma = 15° \qquad ④$$

(2) 根据折射率公式有

$$\sin i = n \sin \gamma \qquad ⑤$$

由式④、式⑤得透明体的折射率为

$$n = \frac{\sqrt{6}+\sqrt{2}}{2} \qquad ⑥$$

说明 本题中根据对称性作出入射点 M 的对称点 Q 至关重要,接着就可以借助几何关系确定折射角,从而得到折射率.

例题 8(2014 江苏) Morpho 蝴蝶的翅膀在阳光的照射下呈现闪亮耀眼的蓝色光芒,这是因为光照射到翅膀的鳞片上发生了干涉. 电子显微镜下鳞片结构的示意图如图 5.155 所示. 一

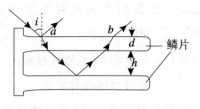

图 5.155

束光以入射角 i 从 a 点入射,经过折射和反射后从 b 点出射. 设鳞片的折射率为 n,厚度为 d,两片之间的空气层厚度为 h. 取光在空气中的速度为 c,求光从 a 到 b 所需的时间 t.

5 对称思想在中学物理解题中的应用

分析与解答 设光从空气进入鳞片的折射角为 γ,由折射定律得

$$\sin i = n\sin \gamma \qquad ①$$

光在鳞片中和两鳞片间的空气层中通过的路程分别为

$$s_1 = \frac{d}{\cos \gamma} \qquad ②$$

$$s_2 = \frac{h}{\cos i} \qquad ③$$

已知光在空气中的传播速度为 c,则光在鳞片中的传播速度为

$$v = \frac{c}{n} \qquad ④$$

由于光从空气进入上面鳞片—下面鳞片反射—上面鳞片出射,其光路具有对称性,因此光从 a 到 b 所需的时间为

$$t = \frac{2s_1}{v} + \frac{2s_2}{c} = \frac{2nd}{c\cos \gamma} + \frac{2h}{c\cos i} = \frac{2n^2 d}{c\sqrt{n^2 - \sin^2 i}} + \frac{2h}{c\cos i}$$

说明 本题构思颇具匠心,虽然解题直接应用的知识以光的折射为主,但由于题中将有关生物现象、光的干涉以及反射、折射等多方面知识糅合在一起,既提高了做题者的兴趣,也可以使其获得多方面的信息.下面是一个同样包含着光路对称的问题,请同学们自行求解.

练习题

(2010 江苏) 如图 5.156 所示,一束激光从 O 点由空气射入厚度均匀的介质,经下表面反射后,从上表面的 A 点射出.已知入射角为 i,A 与 O 相距 l,介质的折射率为 n,试求介质的厚度 d.

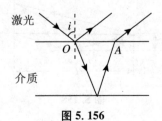

图 5.156

参考答案：$d = \dfrac{\sqrt{n^2 - \sin^2 i}}{2\sin i} l$.

例题 9（2005 江苏） 1801 年，托马斯·杨用双缝干涉实验研究了光波的性质. 1834 年，劳埃德利用单面镜同样得到了杨氏干涉的结果（称劳埃德镜实验）.

（1）劳埃德镜实验的基本装置如图 5.157 所示，S 为单色光源，M 为一平面镜. 试用平面镜成像作图法画出 S 经平面镜反射后的光与直接发出的光在光屏上相交的区域.

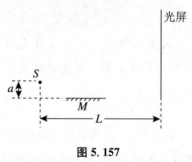

图 5.157

（2）设光源 S 到平面镜的垂直距离和到光屏的垂直距离分别为 a 和 L，在光屏上形成干涉条纹. 写出相邻两条亮纹（或暗纹）间距离 Δx 的表达式.

分析与解答 （1）光路图如图 5.158 所示.

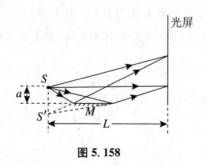

图 5.158

（2）在劳埃德镜实验中，光源 S 与其镜像光源 S' 之间的距离对

应着杨氏实验中的双缝间距. 因此,条纹间距为

$$\Delta x = \frac{L}{d}\lambda = \frac{L}{2a}\lambda$$

(2) 透镜成像中的对称性

例题 1 利用两次成像法公式 $f = \dfrac{L^2 - d^2}{4L}$ 测定凸透镜的焦距时,在烛焰和光屏之间移动凸透镜,能在屏上得到两次清晰的像. 这两次清晰像的长度放大率之间有什么关系?

分析与解答 在实验中,先将烛焰与光屏直立在光具座上,并使它们之间的距离大于 4 倍的粗测焦距. 然后,在它们中间移动凸透镜,一次得到放大倒立的实像,一次得到缩小倒立的实像. 根据光路可逆原理很容易看出,这两次成像中的物、像具有共轭对称的特点——成放大倒立实像时的物距和像距,恰好等于成缩小倒立实像时的像距和物距.

设两次成像中的物距和像距分别为 u_1、v_1 和 u_2、v_2,则两者之间有共轭关系

$$v_1 = u_2, \quad v_2 = u_1$$

如图 5.159 所示.

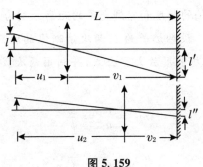

图 5.159

根据长度放大率的意义,得两次清晰像的长度放大率分别为

$$m_1 = \frac{l'}{l} = \frac{v_1}{u_1}$$

$$m_2 = \frac{l''}{l} = \frac{v_2}{u_2}$$

则

$$m_1 m_2 = \frac{v_1}{u_1} \cdot \frac{v_2}{u_2} = \frac{v_1}{u_1} \cdot \frac{u_1}{v_1} = 1$$

表示两次长度放大率互为倒数.

说明 本题如不利用物、像的共轭对称关系,也可以直接根据凸透镜成像公式计算.由

$$\frac{1}{u_1} + \frac{1}{v_1} = \frac{1}{f}$$

$$\frac{1}{u_2} + \frac{1}{v_2} = \frac{1}{f}$$

又有几何关系

$$u_1 + v_1 = u_2 + v_2 = L$$

联立各式找出 v_1、u_1 和 v_2、u_2 的关系代入放大率公式,可以得到同样的关系,但计算过程要繁复得多.

例题 2 在光具座上适当距离处竖立着一个烛焰和一块光屏,在中间相距 $d=60$ cm 的两个位置上依次放置一块焦距 $f=16$ cm 的凸透镜,能在屏上得到两次清晰像. 测得一次像长 $a=25$ cm,另一次像长 $b=4$ cm,则烛焰的长度和它到光屏的距离分别为多少?

分析与解答 设烛焰长为 l,两次清晰像的物距和像距分别为 u_1、v_1 和 u_2、v_2. 根据长度放大率公式,并利用两次成像时物、像的共轭对称关系,有

$$m_1 = \frac{v_1}{u_1} = \frac{a}{l}$$

$$m_2 = \frac{v_2}{u_2} = \frac{b}{l}$$

且

$$m_1 m_2 = \frac{a}{l} \cdot \frac{b}{l} = \frac{v_1}{u_1} \cdot \frac{v_2}{u_2} = 1$$

所以烛焰的长度为

$$l = \sqrt{ab} = \sqrt{25 \times 4} \text{ cm} = 10 \text{ cm}$$

根据示意图 5.160,并结合凸透镜成像公式,得

$$u_1 + v_1 = u_2 + v_2 = L$$

$$f = \frac{u_1 v_1}{u_1 + v_1} = \frac{(L-d-v_2)(d+v_2)}{L}$$

$$f = \frac{u_2 v_2}{u_2 + v_2} = \frac{(L-v_2) v_2}{L}$$

联立得

$$L^2 - 4fL - d^2 = 0$$

解得

$$L = 100 \text{ cm}$$

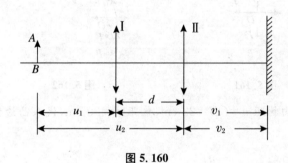

图 5.160

说明 这里的下半题也可以直接代入公式 $f = \dfrac{L^2 - d^2}{4L}$ 求出. 上面的联立方程同时也提供了此公式的一种证明方法.

例题 3 图 5.161 为教学上常用的投影仪的成像部分装置图,AB 为物,L 为物镜,两者相距 $BO=22$ cm,物镜的焦距 $OF=20$ cm. M 为平面镜,它与凸透镜的主轴间的夹角为 $45°$,镜中央与透镜光心相距 $OC=30$ cm.

(1) 画出成像光路图;

(2) 为了能得到清晰的像,屏幕应该放在离开平面镜中央 C 点

多远处?

(3) 若物 AB 长 $l=8$ cm,屏幕至少多高?

分析与解答 (1) 先设想没有平面镜,按照通常采用的特殊光线作图法,作出 AB 的像 $A'B'$,然后根据平面镜的物像对称性,找出镜后虚像 $A'B'$ 在镜前的对称点 A_1B_1,这就是屏幕上看到的实像(图5.162).

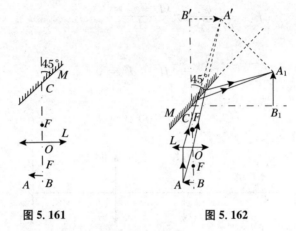

图 5.161　　　　图 5.162

(2) 由物距 $u=OB=22$ cm,焦距 $f=20$ cm,代入凸透镜成像公式得像距

$$v = \frac{uf}{u-f} = \frac{22 \times 20}{22-20} \text{ cm} = 220 \text{ cm}$$

即 $OB'=220$ cm.

因为屏幕上的像 A_1B_1 与镜中虚像 $A'B'$ 对称于平面镜, $CB_1 = CB'$, 所以屏幕离开 C 的距离为

$$CB_1 = CB' = v - OC = (220-30) \text{ cm} = 190 \text{ cm}$$

(3) 由于凸透镜的长度放大率公式为

$$m = \frac{l_1(像长)}{l(物长)} = \left|\frac{v}{u}\right|$$

因此屏幕上的像长为

$$l_1 = \left|\frac{v}{u}\right|l = \frac{220}{22} \times 8 \text{ cm} = 80 \text{ cm}$$

可见屏幕高度至少为 80 cm.

说明 投影仪利用平面镜不仅改变了光路,而且借助物、像的对称性,可以使水平放置的细小物体放大并投射到竖直的屏幕上.

此外,还可以有一个方案——先经平面镜反射,再经凸透镜放大成实像,其光路如图 5.163 所示.

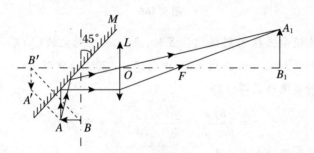

图 5.163

例题 4 一个薄凸透镜的焦距 $f = 15$ cm,在它的主轴上距透镜 $u = 20$ cm 处有一个点光源(图 5.164).当透镜在垂直主轴的平面内上下做振幅 $A = 5$ mm 的简谐运动时,试画出透镜在上下两个极端位置时的成像光路图,并判断像点的运动情况.

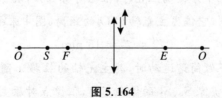

图 5.164

分析与解答 透镜上下振动时,透镜的主轴也平行于原主轴做上下振动,振幅也为 $A = 5$ mm,相当于两个对称于原主轴放置的凸透镜.

对振动过程中的上下两个极端位置,作出相应的两根主轴 O_1O_1'

和 O_2O_2',根据凸透镜成像作图法,可以得到对称于原主光轴 OO' 的两个像点(图5.165).

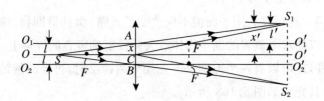

图 5.165

凸透镜向上振动到极端位置时,点光源 S 对主轴 O_1O_1' 而言,相当于一个长 $l = 5$ mm 的线光源. 由物距 $u = 20$ cm,焦距 $f = 15$ cm,代入凸透镜成像公式得像距

$$v = \frac{uf}{u-f} = \frac{20 \times 15}{20 - 15} \text{ cm} = 60 \text{ cm}$$

根据长度放大率公式

$$m = \left|\frac{v}{u}\right| = \frac{l'}{l}$$

得像点 S_1 离开主轴 O_1O_1' 的距离(相当于像长)为

$$l' = \left|\frac{v}{u}\right| l = \frac{60}{20} \times 5 \text{ mm} = 15 \text{ mm}$$

透镜振动至下方极端位置时,根据对称性知,其像点 S_2 与 S_1 对称于原主轴 OO',它偏离主光轴 O_2O_2' 的距离(图中未画出)为

$$l'' = l' = 15 \text{ mm}$$

凸透镜上下做简谐运动时,其主光轴的位移 x 随时间做周期性的变化,所成的实像 S_1、S_2 的像距不变,但像点对原主轴的距离 x' 时刻变化. 由图 5.166 中相似三角形对应边的比例关系可知,x' 也随时间做同样的变化. 这就是说,像点与透镜做着同步的简谐运动. 像点的振幅为

$$A' = x'_{\max} = l' + l = (15 + 5) \text{ mm} = 20 \text{ mm}$$

参考文献

[1] 杨振宁.基本粒子发现简史[M].上海:上海科学技术出版社,1963.

[2] 陈衡.科学研究方法论[M].北京:科学出版社,1982.

[3] 特里格 G L.二十世纪物理学的重要实验[M].北京:科学出版社,1982.

[4] 中国社会科学院语言研究所词典编辑室.现代汉语词典[M].北京:商务印书馆,1983.

[5] 赵凯华,仲锡华.光学[M].北京:北京大学出版社,1984.

[6] 谢诒成.粒子家族的功勋成员[M].北京:人民教育出版社,1984.

[7] 外尔.对称[M].北京:商务印书馆,1986.

[8] 艾立阿特 J P,道伯尔 P G.物理学中的对称性:第一卷[M].北京:科学出版社,1986.

[9] 谭树杰,王华.物理学上的重大实验[M].北京:科技文献出版社,1987.

[10] 华东师范大学自然辩证法暨自然科学史研究所.自然科学史:自然辩证法文集:第二辑[M].上海:华东师范大学出版社,1987.

[11] 赵凯华.物理学中的对称性浅释[J].物理教学,1987(6).

[12] 张维善.原子和原子核物理[M].北京:北京教育出版社,1987.

[13] 郭奕玲.物理实验史话[M].北京:科学出版社,1988.

[14] GORZKOWSKI W.中学物理奥林匹克趣题选及解答[M].章达君,赵凯华,译.长沙:湖南教育出版社,1990.

[15] 热A.可怕的对称[M].熊昆,译.长沙:湖南科学技术出版社,1992.

[16] 王溢然,王明秋.对称[M].郑州:大象出版社,1993.

[17] 程守洙,江之永.普通物理学[M].北京:高等教育出版社,1998.

[18] 教育部师范教育司.20世纪物理学概观[M].上海:上海科技教育出版社,1999.

[19] 吴翔,等.文明之源:物理学[M].上海:上海科学技术出版社,2001.

[20] 束炳如,王溢然.物理奥林匹克教程[M].北京:中国少年儿童出版社,2001.

[21] 舒幼生.第四讲:对称性与力学守恒律[J].物理教学,2004.

[22] 束炳如,何润伟.普通高中课程标准实验教科书:物理(3-5)[M].上海:上海科技教育出版社,2007.

[23] 李艳平,申先甲.物理学史教程[M].北京:科学人文出版社,2007.

[24] 王溢然.照耀世界的火炬[M].广州:广东科技出版社,2012.

后　记

　　写完本书最后一页时,我更感到"对称"这个概念的含义深邃、内容丰富. 书中仅采集了一小束花朵,奉献给读者.

　　书中所列举的一些对称性的实例和应用,多数属于空间反演操作. 不过,我们应当清醒地认识到,牛顿第二定律也具有时间反演不变性——时间的过去和未来在牛顿运动定律的方程中是对称的,或者也可以这么说,时间的流逝在经典力学中是可逆的. 进一步的研究发现,物理学的微观层次几乎完全是时间对称的[*].

　　这样,我们就处在一个很有趣的现实中:一方面,宏观生活实践无可辩驳地指出,时间的流逝是不可逆转的,"时不再来"似乎是不可动摇的真理;另一方面,被我们用来描述客观世界的物理学规律又具有时间反演的不变性.

　　于是,人们展开了畅想:能否有一条时空隧道,让人们体验一下回到过去的快乐……对称性,真是太诱人了!

　　本书自从初版以来,我们一直继续着对这个课题的不断学习、思考. 这次得以有机会出版新一版,感到非常兴奋. 我们通过多次讨论,形成了对原书全面修改的方案,由王溢然执笔撰写.

---

　　[*] 这个意思粗浅地说,指的是:随着尺度的减小,事件逆向发生的概率会逐渐趋近于正向发生的概率,当尺度非常小时,就可以认为两者近似相等了.

有人说过这样的话：作者是作品的起点，读者是作品的归宿.本书可以认为是丛书中理论性最为艰深的一册，限于作者水平和考虑到广大中学生读者群的需要，书中有关一些理论性的叙述尽量采用了比较熟悉的事例和浅显的语言，力求能将"对称"这个专题置身于中学物理的平台上，希望能被广大中学生读者们读懂、喜欢，也希望能听到读者们宝贵的意见.

作　者

2015年6月于苏州庆秀斋